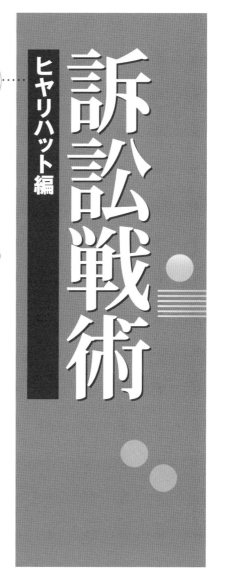

実践

ヒヤリハット編

訴訟戦術

東京弁護士会春秋会 [編]

弁護士も
悩んでいる

事例に学ぶ
実務感覚

発行 ⓣ 民事法研究会

序　文

　東京弁護士会春秋会は、東京弁護士会に所属する弁護士によって昭和29
（1954）年に設立された政策団体かつ親睦団体であり、令和３年10月31日時
点で564名の会員によって構成されています。会員は、日本弁護士連合会や
東京弁護士会等において政策立案や業務研修等に積極的に参加し、日々研鑽
に努めています。

　本書は、東京弁護士会春秋会が『会社・経営のリーガルナビ Q&A』（平
成24年１月、民事法研究会）に続いて編さんした書籍である「実践訴訟戦
術」シリーズの４作目にあたります。民事弁護を扱った１作目の『実践訴訟
戦術――弁護士はみんな悩んでいる』（平成26年１月、民事法研究会）、刑事
弁護を扱った２作目の『実践訴訟戦術［刑事弁護編］――やっぱり弁護士は
悩んでいる』（平成28年１月、民事法研究会）、離婚事件を扱った『実践訴訟
戦術［離婚事件編］――弁護士はここで悩んでいる』（平成30年３月、民事
法研究会）に続き、本書は、弁護士の実務に潜むヒヤリハットをテーマとし
て取り扱っています。

　本書の構成は、これまで好評であった座談会形式を踏襲し、新人、若手、
中堅、ベテランの４人が、弁護士であれば誰でもぶつかる可能性のあるテー
マについて、それぞれの視点から意見を交わす構成となっています。実際に
はもっと多くの会員が議論に参加し、忌憚のない意見をぶつけ合い、本書を
つくり上げました。春秋会の中で信頼し合った仲間だからこそ、本書が完成
したものと言って過言ではないと思います。

　また、本書では、依頼者への対応、裁判手続、弁護士報酬、事務所の運営
などにおける多岐にわたるヒヤリハット事例を取り扱うものであり、弁護士
の実務全般をカバーするものとなっています。

　本書の作成に携わった多数の弁護士が若手やベテランの隔てなく日々の事
件処理の中で実際に疑問を抱き、あるいは悩んだ事柄についておのおのの知
識や経験、ノウハウを踏まえて議論を重ねた結果をまとめた本書は、弁護士

としての事件処理の経験の有無や多寡を問わずに参考にしていただける内容であると自負しております。

　本書が多くの方々の一助となれば幸いです。

　令和4年2月

令和3年度東京弁護士会春秋会幹事長

弁護士　岩　佐　孝　仁

は　し　が　き

　東京弁護士会春秋会ドリーム・プロジェクト委員会はこれまで、「実践訴訟戦術」シリーズとして、『実践訴訟戦術——弁護士はみんな悩んでいる』（平成26年1月）、『実践訴訟戦術［刑事弁護編］——やっぱり弁護士は悩んでいる』（平成28年1月）、『実践訴訟戦術［離婚事件編］——弁護士はここで悩んでいる』（平成30年3月）を刊行し（いずれも民事法研究会）、幸いにも多くの皆様からご好評をいただきました。本書は「実践訴訟戦術」シリーズの4作目として、われわれ弁護士が日々実務に携わる中で誰もが一度は経験するいわゆる「ヒヤリハット事例」を取り上げました。

　昭和29年（1954年）に設立された東京弁護士会春秋会は、政策団体であると同時に、弁護士同士の縦のつながりと横のつながりを深めるための親睦団体としての性格を有しており、所属事務所の垣根を越え、新人・若手弁護士がベテラン・中堅の弁護士に業務上の悩みごとを相談し、また同世代の弁護士同士が情報交換するなどして、互いに切磋し、知識と経験に裏打ちされた貴重なノウハウを受け継いでいくという良き伝統をもっています。「実践訴訟戦術」シリーズは、こうした東京弁護士会春秋会の良き伝統を書籍のかたちにしたものということができますが、中でも本書［ヒヤリハット編］は、気心知れた弁護士同士でなければ共有しにくいヒヤリハット事例を取り上げた、東京弁護士会春秋会ならではの企画であり、数多く発刊されている実務の手引きとは一線を画する内容となったものと自負しています。

　いわゆる「ハインリッヒの法則」によれば、1件の重大事故の背後には29件の軽微な事故があり、その背景には300件の幸い事故には至らなかった危険な事象（ヒヤリハット）が存在するといわれます。ヒヤリハット事例を分析し、その再発を防止することは、軽微な事故、そして重大な事故の予防に極めて有効であり、リスクマネジメントとして、大変重要な意義をもちます。弁護士の大幅増員などに起因して、弁護士同士のつながりが希薄になり、法律学の基本書からは得られない実践的なノウハウが共有され、受け継がれて

3

いくことが難しくなっている現在において、個々の弁護士に帰属していた暗黙知が形式知となり、共有されることの重要性はますます高まっています。本書がヒヤリハット事例の減少、ひいては重大事故の減少につながり、弁護士の信頼の維持・向上の一助となることを願っています。

　なお、本書で取り上げたヒヤリハット事例はいずれも弁護士が実際に経験した事実に基づくものですが、弁護士の最も重要かつ基本的な義務である守秘義務に違反することがないように、出版にあたって、依頼者から受任した事案の特定のおそれがある要素を排するほか、必要な修正を行っています。そのため、もし本書で取り上げられた事例が特定の事案に類似していたとしても、それは本書作成に協力した弁護士が現に受任した事案ではないことをご了承いただきますようお願いいたします。

　最後になりましたが、本書刊行にあたっては、株式会社民事法研究会の南伸太郎氏に多大なご助力を頂戴しました。座談会形式により複数の弁護士が自由に発言した内容を原稿にまとめるという気の遠くなるような作業を経て本書刊行の運びとなったのは、偏に同氏のご尽力によるものです。この場をお借りして、心よりお礼申し上げます。

　令和4年2月

東京弁護士会春秋会

ドリーム・プロジェクト委員会

委員長　中 根 秀 樹

『実践　訴訟戦術［ヒヤリハット編］』

目　　　次

第1章　依頼者への対応

第2章　裁判手続上の対応

第4章　事務所の運営

第5章　悩ましい対応と懲戒リスク

［本書の利用にあたって］

　本書は、平成30年4月から令和4年1月まで約4年にわたって、東京弁護士会春秋会ドリーム・プロジェクト委員会のメンバーおよび有志によって、研究された内容をまとめたものである。

　同委員会ではこれまで、民事事件・刑事事件・離婚事件において、紛争を依頼者に有利に解決するためにどのような工夫を各弁護士は試みているのか（「訴訟戦術」とは何か）を紹介してきたところ、本書はその派生編として、依頼者対応、裁判手続、弁護士報酬、事務所運営、懲戒リスクなどのテーマにおける「ヒヤリハット」を取り上げて紹介することとした。

　これらのテーマに対する答えは1つではなく、さまざまな意見があることから、ベテラン・中堅・若手の各弁護士に新人弁護士が質問するという座談会形式をとった。しかし、各研究会に参加するメンバーは各自の都合もあり毎回入れ替わり、常に同じ参加者によって発言されたものではないことから、各章の雰囲気は異なっていることをご了承いただければ幸いである。

　また、読者にわかりやすく伝えるために、主に意見を述べる者をベテラン・中堅・若手の三者としたが、実際には、もっと多くの参加者によってそれぞれの見解が述べられており、それらをできるだけ整理し、内容が矛盾しないように心がけている。

　さらに、座談会形式をとったことから、あえて語句の正確さよりも文章の流れを優先している箇所があることもあわせてご理解をいただければ幸いである。

Chapter

I

第1章 | 依頼者への対応

Ⅰ　高齢の依頼者と意思能力

1　受任後に意思能力が低下するかもしれない

若手　高齢者から依頼を受ける場合に、気をつけるべきことはありますか。

ベテラン　依頼者の意思能力の問題があります。

中堅　89歳の方から相続の相談を受けたときのことですが、面談ではとてもしっかりとしていたので引き受けたのですが、相続人が15人くらいいたのです。子どもはいなくて、亡くなった夫のきょうだいが10人近くいて、その半数はすでに亡くなっていました。しかも、その子どもたち（といっても、みなさん60歳代、70歳代ですが）の居住地が、全国各地に分散して15人いるという事案です。

若手　依頼の内容はどのようなものなのですか。

中堅　預金が下ろせないから下ろしたいという依頼です。相続法改正前のケースですが、銀行から「相続人全員連名の書類がなければ下ろせない」と言われて、司法書士に相談したけれど、司法書士もお手上げで、こちらに話がまわってきました。何とかしてあげたいと思って引き受けたのですが、きちんと法定相続分なども説明して、報酬についても説明して、依頼者は「それでいいです」と、理解してもらえたと思うのですが、事件が進行してる間、大丈夫なのかという心配があって。

ベテラン　高齢の相続人が多数いて、かつ、全国各地に分散しているということなので、手続に相当の期間を要するケースですね。こういうケースでは、手続を進めている途中で依頼者の認知機能が低下する可能性がありますね。

中堅　はい。それに加えて、依頼者が亡くなる可能性もあります。依頼者には預金も現金もあまりないので、着手金も正直もらえず、実費くらいしかもらえないわけです。それを考慮して報酬を設定していても、もし依頼

者が亡くなった場合に、子どもがいないので、甥や姪が相続人になったときにどうなるのか。報酬はもらえるのだろうか、相続人から「不当な契約だ」などと言われないかと心配しました。

ベテラン　そうですね。

中堅　とはいえ、依頼者の希望を叶えるためには、とにかくやるしかないのです。証拠のために一応、電話の会話は録音してあるのですが。

新人　ご自身で録音したのですか。

中堅　そうです。電話で打合せの日程を確認する際の会話などを録音していました。後で事務員にも聞いてもらい、「89歳の方がしゃべってると思える？」って訊いたら、「思えません」という返事でした。依頼者はしっかり応答しているのです。

若手　要介護や要支援の認定は受けていないのですか。

中堅　全くありません。とはいえ、現在、依頼者は1人で暮らしているので、意思能力があるかどうかを判断することが難しいのです。私が訪問したら、「先生、帰りのタクシー呼びますね」と言って、自分でタクシー会社に電話してタクシーを呼んでくれるのです。「先生、タクシー代です」と、1000円くれて。そのようなやりとりはしっかりしているのです。

ベテラン　65歳以上の高齢者については、地域包括支援センターを利用すれば、いろいろなサポートを受けられますね。認知症が進行して、身近に後見等開始の審判申立てを行う親族がいない場合などには、市区町村長が後見等開始の審判申立てをすることもできますね。

中堅　そうですね。身近に友人もいないケースも多いでしょう。

2　遺言作成後に遺言能力が争われるかもしれない

新人　意思能力に疑いがあって、本人から直接受任することを回避するのはどのような場合でしょうか。微妙なケースがすごく多いように思います。

若手　依頼者の年齢だけで判断することは難しいでしょうね。90歳過ぎても驚くほどしっかりされてる人も多いですね。

新人　たくさんいると思います。

中堅　私も90歳代の方の遺言を作成したことがあるのですが、遺言を書いた途端に安心して、認知症が進行したのではないかと心配することがあります。

若手　遺言作成後すぐに依頼者の認知症が進行した場合には、遺言作成時点での遺言能力に疑義が生じるのではないかと心配になることもあるんじゃないですか。

中堅　そうですね。依頼者が遺言を作成してから2か月後に亡くなったことがありました。その依頼者も90歳代とは思えないくらい元気だったのに。風邪をひいたので、家族みんなから「病院に行ったほうがいいよ」と勧められたのに、「俺は元気だから大丈夫だ。乾布摩擦してるから健康だ」と言っていたところ、そのまま肺炎になってしまったようです。

若手　依頼者が高齢だったこともあって、容態が急変してしまったのかもしれないですね。

中堅　このケースでは、依頼者の死後に遺言能力で揉めることはなかったのですが、遺言作成時に録音や録画はしていなかったのです。公正証書遺言だったのですが、その作成時、公証人も「すごい、90歳代で、本当に立派ですね」とか言って特段問題視していませんでした。とはいえ、もっと注意しておいたほうがよかったと反省しました。

ベテラン　遺言で遺言執行者に指定されていましたか。

中堅　遺言執行者に指定されていました。「遺留分の問題が残りますけど、大丈夫ですか」と公証人が聞くと、「それは大丈夫だ。詳しい弁護士に相談することになっている」と依頼者は答えていたので、全部理解していたのですよ。

若手　なるほど。依頼者は十分理解していますね。

中堅　このケースでは、依頼者の息子さんが先に亡くなっていたという事情もあり、相続の相談をずっと受けていました。私の事務所に電話やファックスがくることはもちろん、自分で戸籍を取得したり、お中元やお歳暮

を送ってきてくれたりしていました。でも、遺言を作成し終わって、すごくほっとしたんだと思います。そのとき、一抹の不安は感じました。

新人　遺言をつくるときに、録画はしていますか。中途半端な写真だと、本当に本人が書いているのかの判断ができない気がするので、動画を残しておくほうがよい気がするのですが。

若手　遺言能力で争われることになったときには、写真は証拠としてほとんど意味がないと思いますから、録音か録画をするのがよいように思います。

新人　知り合いの弁護士は、後日遺言能力で争われるおそれがある場合には、公正証書遺言を作成するときであっても毎回打合せの際に録画すると言っています。

中堅　確かに、公正証書遺言でも無効になってしまう例がありますよね。

若手　公証人も公正証書遺言を作成するときに遺言能力の有無を判断していますが、公正証書遺言でも結構無効とされる事例があります。事案によっては、録画しておく必要があると思います。

新人　公証人によって、本人への確認が緩い場合と厳しい場合があるようにも思います。

中堅　動画の撮影は依頼者に失礼な感じもしますから、私は動画の撮影はやっていません。でも結構すべての事案について動画を残しておくという人もいるので、場合によっては必要なのかなとも思います。いざトラブルになったら、録画しておけばよかったと後悔するかもしれないですね。

ベテラン　公正証書遺言作成で、公証人を臨場させたところ、公証人が「駄目です（意思能力がないです）」と諦めたというケースがありました。

中堅　遺言の口授自体ができなかったのですか。

ベテラン　そうでした。それなりに受け答えはするのだけれど、日にちを明確に言えなかったり、息子の名前を言えなかったりしたので、そのように判断されたのだと思います。

新人　自筆証書遺言はつくったのですか。

ベテラン　そこまでもいかなかったですね。

新人　いかなかったというのは、どういう意味ですか。

ベテラン　依頼者の息子が来て、「親の不動産を全部自分に」という内容の遺言をつくるために司法書士事務所に集まったところ、その息子は、「父はしっかりしてるから」と言うんだけど、本人と話したら全然駄目でした。司法書士と私は、「これは、無理ですね」と意見が一致したので、結局、遺言の作成をやめました。公証人と証人2人がしっかりしていれば、リスクは防ぐことができると思うので、遺言を書いている様子を録画するということまでは考えたことがなかったです。

中堅　でも現実に公正証書遺言が無効とされた事例は結構ありますから、やっぱり公証人がいようが証人がいようが、リスクは変わらないのではありませんか。

ベテラン　証人は弁護士2人にします。一般の方に証人になってもらうことはありませんね。

中堅　私も、そのようにしています。

若手　私は、遺言能力が争われるかもしれないと感じたら、診断書を作成してもらっています。

中堅　それがセオリーですね。私も診断書だけは取得しておいてくださいとお願いしています。

新人　ただ認知症という診断があっても、逆に勝てるケースもあるはありますね。「まだら認知症」だからということで。

ベテラン　それはあります。

若手　本人の筆跡というか字を見るだけで、そうだなと感じることがあります。

新人　字が汚いだけの人かもしれないじゃないですか（笑）。

中堅　もちろんそれだけでは判断できないですね。

3　法律相談時に意思能力を確認するのは難しい

(1)　意思確認ができていたことを記録に残しておく

若手　最近、何回も同じ話を繰り返す高齢者の相談を受け、どうしようか悩みました。相談者の記憶力が落ちてるからだろうと思いますので、気にはしますが……。

ベテラン　でも受任をお断りするまでもない……。

若手　その相談者は事実に反することや不合理なことは言わないのです。同じことばかり何回も繰り返すだけです。

中堅　意思能力等の判断材料ではあると思いますが、それだけで受任を断る理由になるとは思えませんね。

若手　別のケースでは、意図して虚偽の事実を言っているのか、記憶がなくなってしまったのか、判断がつかない高齢の相談者がいて、怖くなりました。

新人　事実に反することを言うのですか。

若手　最初に聞き取った話と全然違うことを主張するし、相手の反応を見ながら話してるような節があって。

中堅　私たち弁護士は、やはり医者ではないので依頼者の意思能力を判断できません。ただし、必要に応じて、聞取りの内容など依頼者との協議の記録を最低限残しておくべきです。

若手　危ないと思っても、リスクを自分で背負って受任するのは、弁護士としては問題ないでしょう。ただ、依頼者の意思能力に懸念がある場合、懲戒のリスクがあるという気がするのですが、これは程度問題でしょうか。

中堅　はい。そうでしょうね。

若手　自分が懲戒請求されたときに依頼者の意思能力であったり、依頼者の意思を確認していたことなどを立証できるのかは、やはり不安です。まばたきで、アイコンタクトでわかったみたいなことを言ってる人がいますが……。

7

中堅　それは絶対だめ（笑）。

ベテラン　意思能力のない人から受任できないという前提があります。

中堅　高齢者から委任を受けるにあたって、丁寧に説明しても、依頼者が理解しているかどうかが不安になることがあります。後になって、親族や相手方など利害関係のある人から、本人の意思に反していたなどと言われることがありますが、そのときに、「まばたきで承認してもらっています」と説明するようではだめですよね。本人の意思確認ができていたことを客観的な資料で残しておかなくてはならないでしょう。

(2)　相談票を工夫する

中堅　つい最近経験したのですが、弁護士会が設置している法律相談センターに高齢者の夫妻が来て、相談を受けました。隣人トラブルだったのですが、詳しく話を聞いてみると弁護士が介入するレベルでもないので、「まずはご自分でお手紙書いて、ご希望を伝えてみたらいかがですか」ということで相談は終わったんですが、最後の最後にぽろっと「これって成年後見人に相談したほうがいいですかね」と言い始めて、「えっ!?」ということになりました。

新人　夫婦2人ともに成年後見人が選任されていたということですか。

中堅　実はそういうことだったのです。何も聞かされていないまま、私が「受任しましょう」と言って、引き受けていたら大変なことになるところでした。「成年後見人は選任されていませんか」なんて、なかなか聞かないじゃないですか。

新人　そうですね。たとえば、家族が相談に来てくれて、様子を聞いて、「それだったらまず、成年後見の申立てをしないと厳しいと思います」と言うのはよいのですが、本人の前で言うのはちょっと……。

中堅　法律相談センターの相談票で、相談者が高齢の場合には、後見等開始の有無をチェックするところはないのかなって思って。

若手　確かに相談票の中に、成年後見人が選任されているかどうかのチェック項目はありませんね。

中堅　そうそう。だから、これからの時代は、後見等開始の有無をチェックするというような項目も必要なのではないかと思いました。

ベテラン　その夫婦は、受け答えは全部大丈夫だったのですか。

中堅　その点は全く大丈夫でした。

ベテラン　だけど成年後見人が選任されていたのですね。

中堅　そうなのです。最後の最後に、もう相談が終わって帰る間際に、「そういえば、成年後見人に相談したほうがいいですかね」と言われたので、愕然としました。2人とも成年後見人が付いていました。

若手　私も、このようなケースでもし依頼されたら、後見等開始の有無などは多分確認しないと思いますね。それで契約書などを作成して、委任状も依頼者から受け取って……。

新人　そうした場合、委任が無効になってしまうのですか。

若手　委任契約自体はやはり無効でしょう。

中堅　無効になってしまいますかね。だからそうだとすると、やっぱり弁護士会が設置する法律相談センターであれば、成年後見人が選任されているかどうかについてチェックする欄があってもよいと思いました。毎回、「成年後見人などは選任されていませんよね」と聞かないので。

ベテラン　聞かないですよね。

中堅　10年ぶりの法律相談センターだったのです。受任相当の事案であったらそのまま受任していたと思います。このようなケースはこれからも増えてくると思いますね。

ベテラン　認知機能に問題があるケースこそ、被害の予防や権利擁護のためにわれわれ弁護士の活躍が期待されますね。

中堅　そうなのですよ。だから、「次に相談に来るときは、成年後見人といっしょに来てください」と伝えました。

若手　ここまでの話を整理すると、依頼者が高齢であったり、認知機能が低下しているかもしれないと思われる場合に、事前にどういうふうにリスクをヘッジしておくかという問題と、依頼者が受任途中で亡くなったり、

認知症になったり、あるいは後見相当になった場合に、どう対応するかという問題と、2つあるということになりそうですね。

4　財産管理の受任にあたって悩ましいこと

⑴　依頼者と連絡がとれなくなるかもしれない

新人　依頼者が高齢で、認知機能の低下が心配される場合に事前にどういうふうにリスクをヘッジしておくかという問題でいうと、まだまだお元気と思っていた、私が財産管理を担当している80歳代の方に突然電話が通じなくなったということがありました。

中堅　何か理由があったんですか。

新人　事情を聞くと、「携帯電話を持ち歩かなくなった」ということでした。「俺は誰とも電話しないんだからいいんだ」ということで携帯電話を持ち歩かなくなったようです。そうしたら、半年ぐらいで一気に認知機能が低下してしまった様子で、たとえば、私に、「お金を振り込んでほしい」という依頼の電話をかけてくるのですが、電話を切った途端にまたかけてくるというようなことが続きました。そろそろ後見等開始の審判申立てを検討しなければいけないのかと思い始めていた矢先でした。

ベテラン　委任契約はしていますか。

新人　財産管理委任契約の公正証書を作成しています。でも、施設には入りたくないという、自分の意思はしっかりしているし、どのタイミングで後見等開始の審判申立ての相談をすればよいのか悩みます。

若手　財産管理等の受任中に、認知機能に問題があると感じたときには、辞任したり、本人に成年後見を勧めたりすることが必要なのでしょうか。

ベテラン　辞任は見捨てる感じになっちゃいますね。

中堅　その心配はありますね。長期間にわたるものとして、たとえば、私の経験した訴訟では、交渉含めて5〜6年かかりましたので、当初82歳くらいだった依頼者が最後のほうは打合せで事務所にも来られなくなってしまったということがありました。本人は、「行きます」と言っていたので

すが……。

若手　そういう状態でも辞任するわけにいかないのですよね。

中堅　それはできないですね。認知機能はある程度はっきりはしていましたが、体力は衰え、椅子から立ち上がるのも厳しいという状況でした。

新人　そういう場合、どうするのですか。選択肢となるのは、事件を受任しない、あるいは辞任する、となるのでしょうか。

若手　でも高齢者の権利擁護の観点からすれば、そういうわけにもいかないのでしょうね。

中堅　そうですね。とはいえ、最初の面談では、依頼者の認知機能が十分であるかどうかは判断できないですよね。

若手　事件を受任しないということは、その方を見殺しにするということになりますよね。それで今、よく使われるのが司法ソーシャルワークという、福祉機関など関係団体の人と連携して救済を図るやり方です。

ベテラン　意思能力があるかどうかというのは、素人判断ではわからないですよね。

新人　委任契約書に、依頼者の意思能力が低下しているおそれがある場合や、連絡がとれなくなってしまった場合の対応についての記載をすることはありますか。

中堅　事案によりけりでしょうが、依頼者に失礼だと思うので、私は入れていないですね。委任を受ける最初の段階では、そこまで信頼関係が築けていないわけです。

新人　確かに失礼な感じがしてきました。

若手　私は、「40日間連絡がとれなかった場合は契約を解除できる」という条項を入れています。

中堅　40日間というのは、期間が短いですね。実際に40日間で辞任しますか。実際はしないけど万が一のための記載ですか。

若手　連絡がとれなくなって3か月くらいしたら内容証明を出して、それでも連絡がなかったら辞任します。

新人　3か月というと、約100日ですか。

若手　裁判所には、今、依頼者と連絡がとれなくなっていると伝えて、待ってもらいます。

中堅　訴訟事件だったら、確かにそういうのがないと怖いですね。

若手　そうなのですよ。裁判所に伝えると依頼者に不利になってしまうかもしれないと思って、言わないでいたのですが、期日が来たので仕方なく、「実は……」と言って、相談をしました。

中堅　高齢者の1人暮らしだったら亡くなっている可能性もありますね。

若手　はい。それもありますね。

ベテラン　「40日間」と設定するのは、どういった理由があるのですか。

若手　何となくです……。

中堅　1か月よりは長いということで決めたのでしょうか。

(2)　面会以外の方法で依頼者の意思確認をしてはいけないのか

若手　私は、自分の不手際ということではありませんが、相手方の代理人の対応を通じて、高齢の依頼者の意思確認を慎重にしなければならないことを痛感したことがあります。

中堅　事案はどのようなものですか。

若手　私の依頼者は、高齢者のAさんの長女です。高齢のAさんの代理人と称する弁護士から長女あてに内容証明が届いたことで、私がAさんの長女から相談を受け、長女の代理人として受任しました。

ベテラン　内容証明はどんな内容だったのでしょうか。

若手　内容証明には、長女がAさんの預金通帳を全部持っていってしまった、その弁護士の法律事務所に来て、通帳全部持ってこい、ということが書いてあるのです。Aさんの財産管理の全部をその弁護士が任されているから、長女が持っていった通帳や貸金庫の鍵など、とにかく一切合切持ってこないと警察に告訴するという内容でした。

中堅　それはひどいですね。

若手　長女から話を聞くと、Aさんは施設に入所していてかなり認知症が

進んでいるとのことでした。「最近になってようやく施設に入れたばかり
で、今一息ついたところだったんですよ」と言っていました。

ベテラン　その相手の代理人は、どのくらいの年代の人なのですか。

若手　3 人くらいの連名だったのですが、いずれも登録 5 ～ 6 年目くらい
だったと思います。

新人　その後、どういう対応をしたのですか。

若手　私が「長女の代理人を受任しました」と連絡しました。「私の聞取り
によると、Ａさんは相当程度の認知症だというふうにお聞きしています。
貴職は一体どうやって依頼者に意思能力があると判断されたのか、教えて
ください」という趣旨の電話をしました。

新人　それでどうなったのですか。

若手　その日は「担当は不在です」と電話を切られたのですが、次の日に
電話がかかってきて、今施設にいてＡさんとも確認してるということでし
た。

中堅　驚いて対応したのでしょうね。その弁護士は、Ａさんの意思確認を
していなかったことを認めてしまっていますね、それ。

若手　私はすでに後見開始の審判申立てをしたということを伝えました。

ベテラン　それで、申立ては通ったのですか。

若手　通りました。当然ですよ、Ａさんは自分の娘である長女を認知でき
ないレベルでしたから。

ベテラン　それはひどかったですね。後見開始決定に対して、相手方弁護
士からの反応はありましたか。

若手　相手方弁護士は、「僕は電話で確認したときは能力があると思ったけ
れど……」と言っていました。

ベテラン　相手方弁護士は、Ａさんは反応力はあるから大丈夫だと認識し
ていたというわけですね。

若手　「今、会ってみたら能力がないことがわかりました」というような弁
解をしてたのではなかったかと……。

ベテラン　その弁護士は、本当に事前に電話で確認したのですかね。

若手　わかりません。ちなみに、全部の財産管理を任せるという受任というのはあるのですかね。そんな責任のあること、できなくないですか、私たち弁護士には……。その点にも相手方代理人の対応に違和感を覚えました。

中堅　財産管理契約を締結する場合は、管理の対象となる財産を特定しておくことが基本ですね。

ベテラン　各単位弁護士会で財産管理契約の書式を公開していることが多いですよ。東京弁護士会の書式では、財産目録を作成して対象財産を特定することになっています。

新人　先ほどの話ですが、もしも事前に電話で確認したとしても、高齢の方と面談しないで電話だけで受任するのは怖い気がします。

中堅　ご高齢者の方の場合、意思能力について問題となる場合があるから、慎重に対応すべきだと思います。

ベテラン　ご高齢じゃなくても、本人とは必ず会いましょうということではないでしょうか。

中堅　はい。でも、依頼者が遠方である場合には、電話で意思確認をするということもありますよね。電話と郵便だけという場合もあるにはあると思います。

ベテラン　電話だけで意思確認をするというのは、大丈夫なのでしょうか。

中堅　一応、委任の意思確認はできているということにはなると思います。

ベテラン　そう、よほどの事情でもない限り、電話だけで意思確認をするというのは避けるべきなのではないでしょうか。

中堅　よほどの事情というか、それこそ本当に事案簡明の事件のように、事案が複雑ではなくて特段の労力や時間をかけずに終わりそうな場合は、そのまま受任することもあります

新人　最近ではウェブ会議等で顔を見ながら判断することはありませんか。

ベテラン　ご高齢の方だとウェブ会議システム等を活用することがそもそ

も難しいかもしれませんね。

中堅　新型コロナウイルスの蔓延による影響もあって、裁判所でも電話会議や Web 会議もやっていますよね。

新人　意思確認について、やはり電話だけでは不十分でしょうか。

ベテラン　原則は駄目でしょう。初めての依頼者の場合には、特に注意しないといけないかもしれませんね。

中堅　とはいえ、依頼者が北海道や沖縄にいる場合、電話だけに頼らざるを得なくなりませんか。

ベテラン　債務整理事件については、日本弁護士連合会の会規である「債務整理事件処理の規律を定める規程」により、面談することに困難な特段の事情がない限り、事件を受任する予定の弁護士が、債務者本人と自ら面談をして、所定の事項を聴取しなければならないとされています。そこで、Skype を使った場合に「自ら面談」したことになるのだろうかと他の弁護士に相談すると、「Skype ならよいのではないか」と言う人は少なかったのです。

中堅　顔写真付きの身分証明書を送ってもらったうえでの、Skype やテレビ会議だったらいいのではないでしょうか。

ベテラン　そこで新型コロナウイルスが蔓延する前の話になりますけれど、本人の意思確認について随分厳しくなっているので、債務整理事件について、Skype を利用したビデオ通話を利用することで依頼者に直接面談したことにならないかと弁護士会に問合せをしたのです。すると、あくまで弁護士会としての正式な回答ではないのですが、「ビデオ通話では直接面談したことにはならないのではないか」という意見でした。今後、ウェブ会議等の活用に対する見解は変わるかもしれませんが、債務整理事件については、現時点では Skype や Zoom を利用したウェブ会議システムでは直接面談したことにはならないと理解しています。

新人　「債務整理は厳格にやりましょう」ということなのでしょう。

ベテラン　結局は、ご高齢者の方に限らず、本人とは直接会うのが基本と

理解しておくのがよいと思います。

5　至急事件を受任して対応する必要があるかもしれない

(1)　依頼者が訴訟を提起されたとき

若手　交通事故の被害に遭い、その影響で被害者である高齢者が認知症になってしまい、相手方である加害者から治癒の時期や損害額などの問合せを受けていたのですが、認知症と相まってずっと対応できず、加害者側から債務不存在の訴訟を起こされたという事案の相談を受けたのですが、本人の意思能力に問題があるから、「まずは成年後見が開始されないと受任できません」と言いました。

ベテラン　依頼者本人や親族の理解・協力は得られたのですか。

若手　はい、すぐに後見開始の審判申立てをしてもらい、成年後見人になった親族の方から受任したのですけど、その親族後見人は、年1回定期的に行う家庭裁判所への後見等事務の報告が面倒くさくて、成年後見なんてやらなきゃよかったのにと言われたことがあります。どうもその親族後見人は、本人のお金を多少使っていたみたいで、家庭裁判所に説明したくない、通帳の写しなどを提出したくないようなのです。「本人に意思能力がない場合には、成年後見が開始されないと訴訟はできなかったんですよ」と説明して、納得してもらいました。

ベテラン　正解ですね。

中堅　もっとも、明らかに本人の利益になる事件であって、成年後見人等になってくれる家族や友人もいないし、専門職後見人に報酬を支払う余裕もないという場合は、弁護士がある程度リスクを負ってやらなくてはいけない場合もあるのではないでしょうか。たとえば、交通事故の被害者で、多少意思能力に疑問があるというときに、それこそ物損の数十万円しか請求しないという事案であっても、「成年後見人を選任しないと受任できません」と言ってしまうと、なかなか進みません。そういう事案では、本人の意思を都度確認し、客観的な資料に残すような工夫をするなどしてやっ

てくしかないという判断もあるのではないでしょうか。

若手　でも、それなりに本人と意思疎通ができる場合に限りますよね。

中堅　もちろん本人の意思を確認できない場合であれば無理ですよ。

若手　でもその場では基本的に理路整然としてても、少し時間が経つとすぐに忘れちゃう人っているじゃないですか。

新人　私も受任した事件で、高齢の依頼者に対して、「さっきの話を覚えてないのですか。以前の発言はこうでした」と指摘したところ、「本人は落ち込んでいましたよ」と、家庭裁判所の調査官に言われたことがあります。でも、少し時間が経つとすぐに忘れちゃうのではないかと思われるから、本人の意思確認をしながら進めたのに、「そんなこと承諾した覚えはない」などと言われたら困りますよね。

ベテラン　本人にとって利益であると考えられるケースであったとしても、本人の意思に基づかない任意代理はあり得ないですね。本人の意思に合致していることを確認しながら委任事務を遂行することは、依頼者本人が高齢であるか、認知機能に問題があるかにかかわらず、弁護実務の基本中の基本です。本人の認知機能に疑義がある場合は、いかに本人のためであると判断したとしても、後日、本人の意思あるいは委任の趣旨に反しているとしてトラブルになるおそれは通常の事件よりもはるかに高いと思います。そのリスクを十分に理解したうえで、リスクを回避する方法を検討しながら委任事務を進めなければならないし、それが難しいと判断するならば、初めから受任しないという決断もやむを得ないでしょう。

⑵　依頼者が詐欺の被害に遭ったとき

中堅　私が経験したケースでは、高齢者ではなくて障害者だったのですが、詐欺師に騙されて車のローンを組まされたという事件がありました。車はその詐欺師に持ち去られていました。

ベテラン　依頼者と意思疎通はできたのですか。

中堅　依頼者は、身体障害の認定のみ受けている方でしたが、実際に話してみると意思疎通は困難でした。発話も不自由なので、理解をしているの

かどうかの判断が難しいのです。まずは後見等開始の審判申立てをすることを勧めたのですが、親族がどうしても成年後見人等を付けたくないという意向で往生しました。

新人　どのように対応したのですか。

中堅　一刻も早く受任通知を送らないといけなかったので、「親族から依頼を受けた」として、受任通知を出しました。

ベテラン　その部分はクリアできましたか。

中堅　信販会社は「契約は有効」と主張してきました。私は、「本人と面談したが、本人の意思が確認できない。本人との会話を録音してあるから聞いてくださいよ」と言って、担当者も「うーん」って悩みまして。それで結局、信販会社は「調査して連絡します」と言った後、2年間くらい放置されました。その後、担当者が変わって連絡が来て、「和解できませんか」と言うから、総額の10分の1くらいの額を支払うことで和解しました。本人と、本人のお兄さんに書類を送付してもらって、本人名義の和解書を交わしました。

若手　ということは、代理はしなかったのですね。

中堅　そういうことになります。あくまで私は本人のお兄さんの代理人であり、最初から最後まで本人の代理人にはならず、本人の能力については正直グレーなままで終わりました。「本人に意思能力がない」という主張をするのに、私が代理人であるのもおかしいと考えましたので。成年後見人等は付けたくないという家族の意向もありましたから。ですので、本人のお兄さんの代理人、親族代理人として対応しました。たまたま相手方が物分かりがよかったのと、相手方も処理の仕方に困ったというのもあって、和解できた気がします。一応本人のはんことお兄さんのはんこはもらいましたが、将来的に何の不安もリスクもないかといったら、正直、少しだけあります。相手方は多分弁護士に相談していないと思います。

若手　本人に和解契約の能力があるかどうかという話ですよね。

中堅　はい。

Ⅱ　反社会的勢力からの依頼

1　顧問先や依頼者である経営者が変わったときに

新人　チェンジオブコントロール条項って何ですか。

中堅　資本拘束条項といって、契約当事者に支配権の変更があった場合に契約内容を変更したり解除を認めたりする条項のことです。

ベテラン　そういう条項を顧問契約書に入れておくこともありますね。

中堅　私は入れていません。でも依頼者である企業の株式や持分が譲渡され、支配権が移転することが結構あるんです。だから弁護士も顧問契約や委任契約に入れておく必要性もあるかもしれない。

若手　委任契約で入れる人はあんまりいない気がします。

中堅　株主が変わったら、顧問弁護士は解任されるのではないですか。

ベテラン　そうなることは多いだろうけれど、そうならないかもしれないですね。その場合に、弁護士のほうから解除する意味はあると思います。

若手　確かに株主が変わったら、通常、利益相反チェックや反社チェックなどをしないといけませんね。

ベテラン　そうなります。私は、ちょうどある事件が終わる頃に経営者が変動したので特に問題とはならなかったのですが、事件の途中でまだこれからというときに経営者が変動したという理由で辞任したら、損害賠償を請求されたかもしれません。

中堅　そうでしょうね。

若手　でも損害が発生するケースは、そんなにないのではないですか。

ベテラン　依頼者、あるいは元依頼者とトラブルになること自体避けたいですよ。やはりチェンジオブコントロール条項は有用でしょう。

中堅　ただ、経営権が変わったら解約しますといった条項を根拠に顧問契約を解約して依頼者に不利益が生じたときに、その条項だけで守られるの

かというと、それも微妙な感じもしますよね。だから私はそこまでの条項を入れるのは、やはりなかなか難しいのかなと思います。

2　依頼者の事務所に行って反社会的勢力の疑いをもったときに

若手　反社会的勢力（以下、「反社」ともいう）だから解除しますという条項であれば、ありですよね。

中堅　それはもちろんよいですが、この場合には、変わった経営者が反社であることを立証することが難しいですよ。

ベテラン　私は反社排除条項は入れてますよ。

若手　顧問契約書にですか。

中堅　私も顧問契約書に入れてますよ。

ベテラン　昔、依頼者の事務所に行ったら、高価そうな骨董品が並んでいて、これはまずいと思ったことがありました。

若手　そういう趣味の方だっただけということはありませんか。

ベテラン　紹介者に「あの人は反社なの？」と聞いたら、「そうだと思うよ」というような返事がきました。勘弁してくれよと思いましたよ。

中堅　若手の弁護士だと、簡単に取り込まれちゃうかもしれないですね。私は新人の頃から、「絶対、暴力団の依頼者はやったら駄目」と言われていました。違法行為を助長することになってしまいますからね。

若手　ほかのお客さんがみんないなくなっちゃう。

ベテラン　そういう人ばかりが出入りし始めると、「ここの事務所やばいんじゃないか」と思われてしまいますよ。私はすぐにその依頼者には契約を解除してもらったのですが、若手の弁護士はどうなのでしょうか。

3　反社会的勢力とは知らずに接見や起訴前弁護をしたときに

若手　先日、ボスの顧問先の下請会社の従業員が逮捕されて、顧問先の社長から依頼された事案がありました。ボスから、「ちょっと接見に行ってくれ」と言われて、対応することになりました。罪名は脅迫と聞いていて、

何かなと思って行ったら、「舎弟がやめるっつうから、指詰めろって言ったらパクられた」ということでした。「下請業者の社員ではないのですか」と訊いたら、「月イチでやくざやってんだ」と。「組はどこですか」と訊いたら、「何々組の何とかで」という話になって……。

新人　それは大変そうですね。

若手　依頼者自体は反社ではないけれど、関係者に反社が絡んできそうな場合もありますよね。事務所に戻って、ボスに「暴力団員だったんですけど」と言ったら、驚かれました。

新人　その後はどうなったのですか。

若手　ただ、結局別のルートから弁護人が付いたようで、私は弁護人にはならなかったのですが、その後、その被疑者から手紙がきました。「この間はありがとうございました。親身になって話を聞いてくれて最高でした」という感じで、「反社で機嫌悪くされたらすいません」などと書いてあって、すごく低姿勢でした。

中堅　取り込まれそうですね（笑）。

若手　こうやって取り込まれるのだなと思いました。

中堅　意外といい人なんだ、みたいなね。

ベテラン　でも「親身になって話聞いてくれた」と書いてあったけれど、怖くて固まっていただけでしょう（笑）。

中堅　そのうち「兄貴」なんて呼び始める。

若手　はい。「いい人なんだな」みたいな気になってくるかもしれないですね。

ベテラン　そして、「御礼にいい仕事を回しますから」っていう。

新人　その人に、名刺は渡したのですか。

若手　最初は一般の方だと思って、名刺を差し入れました。ボスが顧問先の依頼を受けて、事前の話では、弁護人になることが前提でしたから。ボスから、「弁選（弁護人選任届）もらってきて」と言われたので、連絡先として名刺を差し入れました。

中堅　ボスは知らなかったのですか。

若手　ボスには「反社の人ではないですよね」と訊いたのですが、「違う、違う」と言われたから油断しました。

中堅　違わなかった……。

若手　違わなかった……。びっくりしました。飲み屋のけんかか何かだろうと思って行ったので、舎弟に指詰めろと脅したとは思っていなくて……。

中堅　刑事事件は難しいですね。誰かが弁護人にならなきゃいけないですから。

ベテラン　国選はやるけれども、私選はやらないという人も多いですね。

中堅　でも、顧問先から連絡がきて、弁護人になってくれと言われたら……。

若手　そういう場合はどう対処していますか。

ベテラン　私は、「やくざの弁護人はやりません」と毅然と断ります。

中堅　それだけですか。

ベテラン　はい。私の場合、「民暴委員会に入っているので、やくざの弁護人はやりません」と言えるので、断りやすいのです。

若手　私は違法薬物の売人みたいな人の起訴前弁護やったことがあるのですが、証拠不十分か何かだったのか、不起訴になりました。そうしたら、その後、「先生、ちょっと困ってる人がいてさ」と、やたら懐かれちゃいました。「ちょっとそういうのは受けられません」と言って断りますが、刑事事件絡みでそういう人と仲良くなってしまうことはありますよね。当番弁護士で行って、受任してしばらくしてから元暴力団組員だったということが判明して、驚いたこともありました。

中堅　怪しい仕事してたりするのですか。

若手　真面目にユンボの資格とかウェブデザインの技能とかを取得して、出所した後にすごくがんばっている人でした。

ベテラン　そうですよね。一生懸命がんばっている人もいるから。

新人　たとえば、最初は知らないで受任してしまって、途中で反社である

ことを知って辞任したいとなったときには、トラブルになりますか。

中堅　どうでしょうね。

若手　そういう場合に備えて、反社条項はやはり入れておいたほうがいいですね。

中堅　でも入れておいても、実際に辞任するにはどっちみちプレッシャーはあると思いますよ。

若手　確かにプレッシャーはあるかもしれないですね……。

4　反社会的勢力が疑われるので辞任したいときに

中堅　明らかな反社ではないのですが、ディスコなどを経営している会社の社長の依頼を受けた事案がありました。最初から危険な予感はしていたのですが、ちゃんとした人の紹介でしたので引き受けたのです。事案としては、証券会社が注文したとおりに売買しなかったから損害が出たというものでした。依頼者は、「絶対に俺が勝つから」みたいに言っていました。ところが、事件を進めるうちに、どうも負け筋の展開になってきたので、その話を伝えたら、ものすごい勢いで「おい、こら」と怒り出して、「俺の会社に来い」と、その会社の事務所に呼び出されました。

新人　雲行きが怪しくなってきましたね。

中堅　この社長はボディガードを付けてる人で、私一人で事務所に来いと言われて、「ここで逃げたらあかん」と腹を括りました。まあ無事帰ってきましたけれど。でも、もうこれはまずいなと思って、「とにかくこの事件は負けます。ご期待に沿えません。僕は辞任せざるを得ません」と言ったら、「辞任するんだったら、報酬は一切払えない」と言われて、結局、着手金を全額返還しました。

ベテラン　潔ぎよかったですね。

中堅　そうしないと、絶対後から何か言われると思いました。

ベテラン　その可能性はありますね。

中堅　それしかなかったですかね。

ベテラン　なかったような気がしますね。

中堅　でも着手金は100万円くらいだったから結構厳しかったのです。実際にその事件に数十時間費やしましたし。

ベテラン　依頼者が反社だった場合、脅された時点で弁護士が解約通知を送って、「脅迫されたから解約します」と言って辞任します。やった分はちゃんと精算して、残った分だけ返します。それで何か言ってきたら、恐喝で告訴します。本来はそうしないといけないのでしょうが、自分のトラブルだと面倒くさいから、全部返しましょうとなってしまいますよね。

中堅　はい。そうなっちゃいました。もう面倒くさい。

ベテラン　私が、「反社で今まで仕事やったのに、報酬等を返せと言われています」と若手から相談されたら、「それは返す必要ないですよ。内容証明1本出して終わりですよ」と答えますよ。「むしろ、やった分の報酬を請求していいですよ」と言いますね。

中堅　私は、反社に限らず、このような場合には、途中でもう着手金を返して、その件は終わりですね。

5　元暴力団員の銀行口座をつくりたいときに

中堅　暴力団を辞めた後、数年間は金融機関で口座を開設できないですよね。

ベテラン　そうですね。

若手　私、最近経験しました。給料をずっと現金支給していた会社で、制度を変更して会社が提携している金融機関で社員全員の口座つくろうとしたら、一人だけできないということで相談を受けました。最初は理由がわからなかったのですが、その人は元暴力団員だったということが判明しました。

中堅　暴力団から離脱するときには、東京では警視庁に届け出て、そこから5年間何もないことを確認できたら暴力団情報データベースから外れるという制度になっています。

若手　警察に知り合いがいたので、相談してみました。そうしたら、「今は
その人が住んでいるところの警察署に行って、暴力団情報データベースに
登録されているかどうかを確認できる」ということでしたので、警察署に
行ってみたら、もう外れていますという話でした。

中堅　それでも銀行口座をつくることができないんですか。

新人　銀行は別のルートなのでしょうか。

若手　銀行は、暴力団情報データベースに接続できるようになったのです
よね。

ベテラン　そうなのですか。

中堅　代理人として受任するのであれば、銀行との間で、これこれこうい
う理由で暴力団を辞めてから10年経っているというような交渉をするしか
ないでしょうね。そこは金融機関の判断ですよね。

若手　会社経由だから、言えないわけですよ。会社には黙っているわけじ
ゃないですか、昔は暴力団に入っていたということを。言えば解雇になる
かもしれませんし。

中堅　そうするともう正直、銀行は無理ですよ。契約自由があるから、口
座をつくるかつくらないかは銀行次第ですから。ただ、銀行業務の公共性
があるわけで、理由もなく断れるわけじゃないでしょうから、交渉によっ
て口座を開設してもらうというケースが多分あるとは思いますよ。

若手　でも、そんなことをしていてたら会社に知られてしまいます。

中堅　だからそういうケースだと事実上、無理なのでしょうね。

新人　会社経由ではなくて、口座をつくりたいその人の代理人になると言
うことはできないのでしょうか。反社から離脱した人ということになるの
だと思いますが、そういう人であれば依頼を受けても大丈夫なのですか。

ベテラン　お困りなら受けてあげたいですね。

Ⅲ　依頼者との関係

1　依頼者が証拠の提出を拒み続けたときに

若手　私は、先日、初めて辞任を経験しました。

中堅　どういうケースですか。

若手　依頼者が証拠があるのに提出したくないと言うので、裁判所から釈明権を行使されました。依頼者はこだわりがある人なのです。

新人　難しい人なのですね。

若手　相続が絡んでいて、特別受益に該当するものが多分出てきてしまうのだと思います。依頼者は、「被相続人のお金を横領した」と訴えられていて、裁判官からピンポイントに、「この大きなお金、これとこれとこれは、被相続人の口座から誰が引き出したのか」と言われて、通帳の証拠提出を求められました。引き出しの当時、被相続人は老人ホームにいて、ネットバンクもできないから、被相続人が自分で引き出していないのは明らかなのです。保険を契約したりとか、一つひとつは使途を説明できることばかりなのですが、特別受益に該当しそうなものが口座に入ってるのだと思います。お小遣いのような形で毎月20万円くらいお金もらっているのです。家計のうち、子どもの塾代などは全部被相続人が負担していたようです。

中堅　それくらいだったら説明できる気がしますけどね。

若手　そうなのです。それも、被相続人は孫がかわいくて養子縁組までしているので、塾代は全部払うって言ってくれていたようです。だから通帳を証拠として提出したとしても、全部説明できることなのだけど……。

新人　依頼者が、気を回しすぎなのでしょうか。

若手　このケースでは、少なくとも不法行為や不当利得ではないと主張できると思うのです。特別受益に該当するかどうかはわからないけれど。依

頼者が出したくないというので証拠として提出していなかったのですが、とうとう釈明権を行使されてしまいました。そこで、「今回は証拠として出さなきゃダメです」と依頼者に伝えました。

中堅 出さないと負けちゃいますよね。

若手 その通帳だけ隠しているから明らかなわけです。ほかは全部出しているのに。それで私が、「今回は出してください」とお願いしたら、「依頼者が嫌だって言っているのに、何でケチを付けるんだ」と言うのです。そうかと思うと、関連性のない証拠を、「あれ出せ、これ出せ」と言ってきたりします。

ベテラン どんな証拠なのですか。

若手 どちらかといえば不利になるような証拠ですね。たとえば、「どうせ裁判なんかやっても資料は出てこないぞ」と書かれた手紙を証拠として出すように言ってきました。私が、「こういうの出してもよくありません。むしろ不利になります。何のために出すのかわかりません。やめたほうがいいです」とアドバイスしても、「何で依頼者が出したいものにいちいちケチを付けるんだ、僕のストレスだ」というメールが来ました。

中堅 なかなか大変ですね。結局、通帳はどうしたのですか。

若手 これが最後だと思って、「今回これを出さないとなると、裁判官から、『求釈明に回答しないけど、どうしてなのですか』と聞かれた場合、私は何も答えようがありません。裁判官に対して、『依頼者に出すように言いましたが、承諾を得られませんでした』と答えるわけにはいかないでしょう」と言いました。そうしたら依頼者は、「先生の記憶違いです。そんなものは持っていません」と言い出しました。

中堅 困りましたね。

若手 それで、次の期日は依頼者の主張のとおりに説明しました。裁判官から「なぜこれだけなのですか」というようなことを言われたから、「依頼者に確認します」と答えたら、裁判官も何となく察したみたいでした。

中堅 でも、ずっと提出を拒んでも、調査嘱託で明らかになりますよね。

ベテラン　銀行への調査嘱託で取り寄せるということもできそうです。

中堅　依頼者に、「あなたが拒み続けても、調査嘱託で、私たちの意思に関係なく提出されちゃうかもしれないですよ」というようなことは言ってみましたか。

若手　それも言いましたが、何を言っても、「今回は出しません」の繰り返しでした。こうなって、こうなって、こうなったときに出しますみたいに、依頼者は、何か自分なりのストーリーを組み立てているみたいでした。

ベテラン　それでもう辞めますということですね。

若手　はい。「辞めたい」と伝えました。「これ以上信頼関係を築けません。『ケチを付ける』と何回も言われて、証拠の提出について意見を言うのも私の仕事だと思っていますから、それを『ケチを付ける』とおっしゃるのであれば、やはり別の方（弁護士）に依頼したほうがいい」と伝えました。受任していない事件に関してもメールで頻繁に添付ファイルを送ってくる人なんです。「受任していない事件についてもよく大量にメールを送ってこられるのですが、そういう場合は顧問契約とかなさったほうがいいんじゃないでしょうか、別の方と」とも伝えました。そうしたら平謝りに謝ってきましたけど、「一度信頼関係が悪化してしまうと難しいから、他の方でおやりになるか、ご自身で思いどおりにおやりになるほうがいいんじゃないでしょうか」とも言いました。

ベテラン　辞めることができてよかったですね。

中堅　後任が決まってからではなく、すぐ辞任した形なのですか。

若手　この人とはできないということで決断しました。

中堅　こちらから一方的に辞任しますという形をとったということですか。

若手　今回はそうしました。

中堅　合意解除ということではなく辞めることができたのですか。たとえばそこで、その依頼者が、「先生が辞任してもいいですけど、次の弁護士探すまで〇か月待ってください」などと言われてしまったら、厳しくなるかもしれないでしょう。

新人　一方的に辞任したとしても、本人が裁判所に「弁護士を探してるので、ちょっと待ってください」と言えばいいのではないでしょうか。

若手　裁判所には、体調不良を理由に辞めました。

中堅　辞めた本当の理由は言えないですよね。

ベテラン　都合により、でいいのではないでしょうか。

若手　書類上はそうなります。だけど裁判官に、依頼者と私に何かがあるみたいに思われると嫌ですから。何となく察したかもしれないですが……。

ベテラン　察したかもしれないですね。

若手　でも本当に入院したのですよ。それを裁判所に前々から伝えてありましたから。その入院もありましたので。

中堅　そういう理由がなかったら、やっぱり体調不良とは言わないほうがいいでしょうね。そうじゃないと、後で違う理由だったと依頼者が言い出すかもしれない。

若手　たまたま期日日程の調整のときに、「私の入院があって、ここ、間空けてください」と、お願いを前もってしてありました。それもあってできないかもしれないと伝えてありました。

ベテラン　話を戻しますが、この依頼者は、実際明らかに求釈明に回答してないのですよね。

若手　そうですね。

中堅　困りましたね。

若手　たとえば、「保険料をどこからどのようにして支払ったかを次回までに回答してください」と言われているのに、回答していない。

中堅　次の弁護士が付くときに、依頼者自身が、自分の今おかれている状況や問題点を説明するのでしょうか。

若手　しない気がしますね。

中堅　でも、その通帳は特定されてないのですか。

若手　事情があって簡単には特定できないと思います。

中堅　それで求釈明ということなのですね。その経緯を釈明しろというこ

とですね。

若手　多分、相手方も薄々気づき出しているんです。でも代理人も調査嘱託するのは難しい。

中堅　そういうことになると、あとは心証の問題ということになるでしょうか。

若手　でも、私は、「これに関しては絶対に回答してください」と、受任するときに確認したメールも残してありました。それも見せて、「私は、受任のときに、これは重要だから絶対隠さないように言いましたよね。約束しましたよね」と伝えました。相手方の主張を否定する証拠だったのですよ。あくまでもらったもので、取ってはいないという証拠なのに。

中堅　要するに出せば何とかなる……。

若手　不法行為や不当利得ではないと思うのです。特別受益に該当する可能性はありますけれど、塾代などはどのように判断されるかわかりませんよね。

2　依頼者が迷っていたり心変わりしそうなときに

若手　離婚訴訟で和解の話合いをしたときに、思い込みが激しい依頼者の対応に苦慮した事件がありました。事務所で事前に協議しているときと、それを基に裁判の直前に打合せをするときとで言動が違っているところがありました。大丈夫かなと思いながらやっていたのですが、リスク軽減のため、できるだけ本人に和解期日には出頭してもらって、本人同席の下で裁判官と話してもらうという工夫はしていたのです。和解交渉の結果、依頼者が希望したことが通って和解をしたのですが、それでも和解成立後に、依頼者から「何でこんな条項があるんですか」というようなことを言われ、一悶着ありました。

中堅　和解条項を事前にメールなどで送っていなかったのですか。

若手　送っていました。メールの件名にも「条項案」と書きました。結局、和解条項については、こういった経緯でしたということを説明して、納得

してもらえましたが。依頼者が和解期日に同席していなかったら、どうなっていたかと思うとちょっと怖いなと思いますね。

ベテラン　直前まで迷っている人は期日に連れて行ったほうがいいですね。

新人　そういうふうに迷っているうちに、自分がどちらだったのかわからなくなって、記憶があやふやになってしまうことは、あるかもしれないですね。

中堅　渋々和解したりするのも危険ですよね。「判決よりはこっちのほうがいい」という程度の損得で決めたときみたいな。

若手　そうですね。この事案は原審ではこちらが勝ったのですが、控訴審で全く逆転されてしまって。その中で和解しましょうという話でした。

ベテラン　私が担当した事件では、単純な金銭がらみの事件だったのですが、依頼者の和解意思が微妙だったために期日に連れて行き、依頼者の目の前で訴訟上の和解が成立しました。ところが、その１週間後くらいに、依頼者から「あの和解を無効にできませんか」という連絡がきて、何のためにいっしょに行ったんですかとなりました。気が変わることを予測していたから連れていったのに、全く意味がありませんでした。

中堅　でも、連れて行ってよかったですよね。代理人が一人で出頭して和解していたとしたら、「望んでもいないものを勝手に和解された」と言われていたと思いますよ。

ベテラン　まだ若い頃、ボスから、「和解のときには当事者をできる限り連れていけ」と教わりましたからね。

若手　連れていけない場合は最終の和解案を見せて、メールなどで「これで結構です」という言質をとっておかないと危険ですね。

新人　証拠は必ず残しておくことが重要なのですね。

ベテラン　昔はファックスで送って、了承の署名をもらって送り返してもらっていましたが、今はメールでのやりとりが残りますからね。

3　依頼者が思い込みが強く誤解しがちな人であるときに

ベテラン　和解の席に同席するかどうかということに限定しての問題ではないかもしれませんが、依頼者が強く誤解しがちな人である場合はくれぐれも気をつけなければなりませんね。

若手　私が苦労したのは、女性が依頼者の離婚事件で、和解で離婚も成立して、いくらかお金をもらうということになった後の話です。夫婦が共同で住んでいた家から、依頼者の荷物を搬出するという作業が残っていて、その作業を、離婚が成立してから何日か後に現場でやることにしたのですが、そのときに夫と妻の二人だけだと危ないというか、夫の暴力があるかもしれないということだったので、私が立ち会うことになりました。

新人　ほかに立ち会った人はいたのですか。

若手　いいえ。相手の代理人弁護士や親族も立ち会わないので、結局立ち会ったのは私だけになりました。

新人　それでどのようなことがあったのですか。

若手　その離婚の裁判では、こちらは「夫の暴力だ」という主張をして、相手の男性はそれを否認するといった事件だったのです。ところが、その荷物の搬出に立ち会ってみたら、あらかじめこれとこれを持ち出すという約束を書面でしていたにもかかわらず、依頼者が現場で突然、「ほかに、これもらうぞ」と言い出して、裁判所などでみる二人の様子とは全然違うものになっていました。裁判所だとお互い弁護士が付いていますし、交互に話をするので、ある程度穏やかなやりとりをしていたのですが、二人だけの世界になったら、依頼者の女性が相手の男性に対して「おい、おまえ。下りてこい」と、こういう調子になったのです。

新人　それまでと態度が変わってしまったのですね。

若手　二人の力関係というか、言葉遣いもがらっと変わってしまっていました。依頼者が、「おい、これがないじゃないか」とか、あらかじめ合意した書面にないものについても「おい、これもらうぞ」といった物の言い

方をしていました。

中堅　相手の男性はどのように対応したのですか。

若手　相手の男性も言われたときにすぐに怒るのではなく、ずっとがまんしていて、最初はおとなしかったのですが、がまんができなくなると、急に依頼者の髪の毛を引っ張って、そしたら依頼者は泣いて外へ飛び出してしまいました。私はその場にいたのですが、止めるも何も、そういった時間もなく、ただびっくりして立ち尽くしていました。

ベテラン　事件の打合せなどではわかりませんからね。

若手　しかも、その場で、依頼者から「暴力を振るわれたから、証人になってほしい」と言われてしまって。私としては、「証人になるということは、あなたに不利なそこに至る経緯についても当然話さなければならなくなりますよ」と言ったのですが、そうしたら依頼者から、これまで信頼していた弁護士から急に裏切られたということで、今度はその矛先が私に向かってしまいました。

中堅　それは大変ですね。

若手　報酬をもらった後だったのですが、これをきっかけにトラブルになってしまいました。さらに、その後、何年かして、依頼者が私に懲戒請求をしてきました。そのときは、除斥期間を過ぎた後だったので、問題ありませんでしたが……。

新人　こういうトラブルを避けるにはどうしたらよいのでしょうか。

中堅　私は相手の代理人が行かなかったら絶対に行きません。むしろ和解の前にやることがすべて終わっているように搬出関係も手配するようにしています。たとえば、条項案をつくってから和解成立までの間に、宅配業者でこれとこれを着払いで送るといったことを決めておいて、和解成立後はいっさいかかわらないようにします。特に事件が終わった以降は、相手方の代理人が関与してくれるかわからないですし、サービスでやってくれる人なんて少ないでしょうから。

ベテラン　私は、受任した後に依頼者と相手方が会わなければならなくな

ったことがあって、私のスケジュールは合わなかったのですが、相手方の代理人が立ち会うというので安心してお任せしたら、その代理人の行動が一番問題だったということがありました。後日依頼者に聞くと、もう命令口調でむちゃくちゃ言っていたようです。もちろん次から私も必ず立ち会うようにしました。

新人　代理人が片方しか立ち会わないときに当事者同士を会わせるのは危ないということがいえそうですね。

ベテラン　そうですね。ただ法廷に出るといったようなことだけが弁護士の仕事ではないですからね。だから私が少しサービスをしたのですが、代理人が立ち会うまでの義務はないようなケースだったかなとも思います。

新人　受任後になって、依頼者にパーソナリティ障害ではないかと思われるような言動がみられるようになった場合はどうすればよいでしょうか。

若手　依頼者の性格や個性は受任して初めてわかることですね。事件に着手した後に、依頼者に受任時には想像もつかなかったような言動があって驚くことはしばしばあります。

中堅　まずそもそも医学・心理学の専門家ではない弁護士が、難しい依頼者であるからといって、安易に「この人はパーソナリティ障害ではないか」と判断することは危険ですね。

ベテラン　そのとおりです。弁護士に依頼する人の多くは法的紛争の渦中にいるわけですから、多かれ少なかれ心理的負荷がかかった状態であって、感情が不安定になり、時にそれまでと打って変わったような言動をすることもままあることです。相手方への激しい感情がコントロールできずに、それが自分の弁護士のほうに向いてしまって、場合によっては自分の弁護士を攻撃することもあります。安易にパーソナリティ障害ではないかと判断してしまうと、どうしても委任を避けたり、途中で辞任したりという方向に向いてしまい、法的保護を求めている依頼者の利益を守ることができなくなるおそれがあります。

若手　依頼者と信頼関係を築くのはどんな場合でも簡単ではないというこ

とですね。ただそうは言っても、依頼者の性格や個性として理解できる範囲を超えて、何らかの疾患があるのではないかと思わざるを得ないときはありますよね。

中堅　ありますね。依頼者と接する過程でそうした危惧を抱いたら、注意が必要です。と言っても、私はかえって特別扱いはしないほうがいいと思っていて、弁護士と依頼者という関係性を崩さないように気をつけます。打合せ時間はあらかじめ決めておいて、時間がきたらきっちり打合せを終えるとか、夜間や休日まで対応するようなことはしないとかですね。それと、可能であれば複数の弁護士で対応したいですね。

若手　私は、弁護士と依頼者との間の問題として解決しようとしても難しい場合があるように思います。

ベテラン　一人で抱え込んでしまうと自分が潰れてしまいますよ。守秘義務を守ることを前提として、親しい弁護士に相談することも大切ですし、精神科医やカウンセラーの助力を得ることも積極的に検討すべきですね。他の専門職や福祉機関との連携は常に意識しておく必要があります。

若手　私は他士業や医療機関・福祉機関とのつながりがまだまだ不足しているので、これからがんばってネットワークを広げていきたいと思っています。

新人　信頼関係を築くことが難しい依頼者であっても、その利益を守るために事件を引き受けることがあるのがわれわれの仕事ですから、依頼者との信頼関係を築き上げるための技術を磨いていかなければなりませんね。

ベテラン　そのとおりです。ただそれでもなお信頼関係が築けない場合に、抱え込まない勇気も大切ですよ。

4　正式な依頼をせずに相談が繰り返されるときに

中堅　相談だけ受けて、正式に依頼も受けてないのに、あちこちで弁護士の名前を出してしまう人もいますよね。

若手　一度相談を受けただけで顧問弁護士のように言われたことがありま

す。

ベテラン　そのほかにも、いろいろな人とトラブルになっている人で、「このことは弁護士先生に言ってください」などと言っていて、そこら中に借金をつくっていた人がいました。「先生が受任されているんですか」っていう電話がかかってくるので、「全然関係ないです」と返事をしたのですが、そしたら、また別の日に全然知らない弁護士から、「先生が受任している事件について、相談を受けたんですけど」という連絡がきて、「私は受けてないです」と言ったら、「じゃあ、私が受任しても構わないですね」と言われたので、「どうぞどうぞ」と引き渡しました。

新人　その弁護士に注意喚起しなかったのですか。

ベテラン　ちょっと迷いました。何も言わないのも弁護士同士としてちょっとひどいような気もするし、かといって、その人の悪口を言うわけにもいきませんから。そこで、「私は一切受けていませんが、私のことを『受けている』と言うようなことがあったので、『私は受けていませんという説明を差し上げています』」と伝えました。それで向こうが感じ取れなかったら、その弁護士の責任だなというところだろうと思います。

若手　受任していないのに勝手に名前を出すような人かどうかを事前に見抜くことは難しいですね。

ベテラン　そうですね。その事案は弁護士会の法律相談で、被害を受けているといった相談でした。多少怪しいとは感じたのですが、親子で来ていて、捲し立てるので本当に被害があると信じてしまったのです。「その内容だったら警察に行ってください」「また何かあったら相談に来てください」と言って、名刺を渡したら、そうなってしまいました。

新人　「相談だけですよ」と言うと、依頼するかしないかの相談をずっとしてくる人もいませんか。

若手　私は、とりあえず相談者には、「相談は1回で終わらせてください」とはっきり言うのですが、紹介された事案だと、ついその後も電話に出てしまったりして、結局ずるずると相談ばかりが続いてしまうことがありま

す。

中堅　私も「1回目だけですよ。2回目以降はちゃんと事件の依頼をしてください」とは言いますね。それでも、どうしてもやはり、ずるずるとなってしまうことがありますね。離婚事件に多い気がします。

5　預かり品について依頼者とトラブルにならないように

若手　私が苦労したのが、相談を受けて受任することになったのに、依頼者から「やっぱりやめます」と言われた事案なのですが、後になって「先生、あの書類を預けていたでしょう」とか「あの大事な証拠を次の弁護士に渡す必要があるから、返してくれ」と言われたことがありました。実際には預かっていないのですが、頻繁に電話がかかってくるので、事務局もすごく苦労していました。

新人　預かり品でトラブルになることは結構あるものですか。

ベテラン　物や書類を「預けた」「預けていない」といったトラブルになることはやはりありますよね。

中堅　私は、相談だけのときは絶対に原本を預かりません。コピーをとる

ようにしています。

新人　受任しているときはどうですか。

中堅　預かり証をつくります。

若手　でも預かり証があろうがなかろうが、やはり「返した」「返していない」といったトラブルになることってありますよね。絶対に預かっていないのに、依頼者が「預けた」と言うこともありますから。

ベテラン　預かっていないことの証明は悪魔の証明になりますね。

新人　預かったという証明なら可能ですね。

若手　受任していないのに書類をどさっと送ってきて、「見てください」と言う人もいますよね。そういう場合に、「あのとき送ったはずだ」みたいな形でトラブルになりますよね。

中堅　でもそれは送った人が悪いですよね。

ベテラン　その場合は、むしろ逆に預かり証を出すことが防御策になると思います。預かり証の中に入っていなければ預かっていないということになるので。

若手　それは使えるかもしれませんね。

新人　こちらが預かり証を出しても、返したときに受領証を返してこない人がいますよね。その場合はどう対処しますか。

中堅　送付書を残しておきます。それで何度も何度も催促しますが、それでもどうしても返ってこなかったら仕方がないですね。

若手　判決正本のようなレベルの原本は、事務所に来てもらったときに渡すようにとボスから言われました。

ベテラン　弁護士の仕事をしていると、依頼者とのトラブルの可能性を考えて、普通は書類を預かる際に、預かり証とか受領証の授受をしっかりと行いますよね。ところが、企業法務系の仕事を中心でやっている弁護士といっしょに仕事をしたときに、その弁護士が原本を預かっていたのですが、あまりそういう経験がないみたいで、受領証を取らずに返してしまったことがありました。それで依頼者から「書類が返ってこない」とクレームが

きました。

新人　証拠は残していなかったのですか。

ベテラン　その弁護士に、何かあるでしょうと聞いて、レターパックなどで送っていないのかと尋ねたら、「普通郵便で返した」と言われて驚きました。

若手　最初に入った事務所で、ボスや先輩に指導されなかったのですかね。

ベテラン　昔の弁護士のほうが書類の扱い方はうるさいと思います。今はメールなどでのやりとりが多くて、原本を自分で送ることが少ない状況になっているのではないでしょうか。

中堅　早いうちにそういう指導を受けていないと、うっかり何の預かり証もなく、大事な原本を預かったりしているかもしれないですね。

新人　事務所によっては全部事務局がやっているから知らないということもあるかもしれませんね。

ベテラン　意外と常識だと思っていても、人によって違う感覚をもっていることはありますね。あと、どれだけやっていてもクレームを入れられることはやはりあります。

新人　原本はどこで保管していますか。

中堅　私は金庫に入れています。

若手　すべての原本を入れているのですか。

中堅　一応、預かったものは全部入れています。

ベテラン　私は、契約書でも絶対になくしてはいけないものは、基本的に裁判所に原本提示した日に返すことにしています。依頼者には「今日、受け取りに来てください」と連絡をします。

若手　依頼者に渡すと、その後でなくしちゃう人とかいませんか。

ベテラン　それはその人の責任だから、仕方がないと思います。

新人　判決正本の原本を依頼者本人に渡しますか。

若手　私は写しをとったうえで原本を渡しています。なるべく原本は預からないようにしているので。渡さないという人はいますか。

中堅　依頼者に写しを渡して、原本はこちらで預かっています。

ベテラン　控訴とか強制執行をする場合には、こちらで預かって、依頼者には写しを渡したうえで、原本が必要なときは言ってくださいと伝えています。依頼者が控訴しないから渡してほしいと言ったら渡します。

若手　確かに私も控訴する予定がある場合は、事件が終わるまで預かっていますね。

中堅　判決正本とか和解調書の原本は全部、弁護士保管にしています。私が代理人として作成されたものなので、私が持っていても別におかしくありません。ただ依頼者でどうしても原本がほしいとか、今後はほかの弁護士に頼みますという人だけには返しています。

新人　ずっと保管するのですか。それとも一定の期間が経てば返すのですか。

中堅　基本的にはずっと弁護士が保管します。私の場合は判決とか特に和解調書とかの原本は、専用の原本綴りに入れて、記録には絶対に入れないようにしています。和解調書の原本だけが入っているファイルがあります。前にいた事務所がそうだったので、それが普通だと思っていましたが、意外とそうでもないというのは発見でした。

若手　ファイルの保管場所などに困りませんか。

中堅　判決や和解調書だけなら分量は多くなりませんから、場所をとることもありませんし、紛失することもないですね。

新人　最終的にはどうするのですか。

中堅　どうもしません。私が死んだ後にどうなるかとも思いますが、正直、問題にならないだろうなと思っています。

新人　ヒヤリハットとしては、原本をなくしてしまったという経験はありますか。

若手　見つからずに真っ青になったことはあります。結局、記録が2分冊になっていて、もう一つのほうに入れていたのを忘れていただけでした。探すのにものすごく時間がかかりました。

ベテラン　見つかってよかったですね。言うまでもありませんが、原本は紛失しないようにしっかりと管理することが肝心です。

6　裁判や弁護士に対して依頼者に認識のズレがあるときに

若手　「私は議員を知っているから大丈夫」みたいなことをいう人もいますよね。依頼者に和解を勧めたところ、「和解しなかったらどうなるんですか」と言うから、「判決で負けますよ。負けたら強制執行されますよ」と伝えました。「その場合どうなるんですか」と聞かれたので、「控訴することはできます」というふうに全部説明しますが、依頼者の中には「負けてもどうでもいいからやってください」みたいなことを言う人がいます。ずっとそうやって説明していたのに、いろいろ話を聞くと、「私は市会議員を知っているから何とかなる」みたいな、そういう根拠で、最高裁で負けても覆せると思っていたみたいで。

中堅　特に、地方に住んでいる依頼者には、時々そういうことを言う人がいますね。

若手　「最高裁まで行って負けたら終わりですよ」と説明しても、その「終わり」の意味がわかっていないんですよね。

ベテラン　似たようなケースかもしれませんが、弁護士会会長の名前を出す人もいますね。弁護士会の会長を、会社でいえば社長だと思っている人がいます。そうすると弁護士会の会長に任せれば、負けるはずがないと思ってしまうんですよね。あくまでも経験上ですが、そういうふうに考える人は負け事件の依頼者が多かったですね。

新人　それで負けたときに、後から文句を言われませんかね。会長がいる事務所だから、勝つと思ってお願いしたのに、というような。

ベテラン　それは心の中では不満をもつでしょうね。

新人　さすがに口に出しては言わないですか。

ベテラン　そうですね。だけど依頼するときは、そんな雰囲気を漂わせていますね。もしかしたら事件を引っぱってくるときに、そういうことを匂

わせているのかもしれません。

中堅　営業トークですか。

ベテラン　紹介者がそういうふうに紹介するのかもしれませんね。

若手　紹介者がそう思い込んでいることも考えられますね。

新人　ホームページには、○○委員会委員長や○○会会長などといっぱい書いてある弁護士もいますよね。ホームページを見て、そんなに偉い人なら腕があるんじゃないかと思って依頼するということは十分考えられます。

ベテラン　腕があると思われるのは別に問題ないと思います。ただ、会長だから勝てるだとか、弁護士がみんな部下みたいなものだから忖度して聞くだろうみたいな誤解をしていたら、やっぱりその誤解は解かないとまずいですよね。

中堅　裁判所は元裁判官の弁護士にはやさしいとか、そういった誤解もありますね。たとえば大手事務所だと顧問に元高裁長官がいるところもあるので、裁判所が意識して忖度してくれるだろうとか。

新人　裁判所に口を利いてくれるんじゃないかと思う人がいるかもしれないですね。

ベテラン　芸能人の裁判で、代理人に付いたのが弁護士会会長の事務所だったりすると、「いかにも強い」というふうにマスコミが騒いだりしますよね。

若手　マスコミはそう書きますよね。

新人　でも一般の人にとって、ホームページの○○委員会委員長などの肩書きは、意味があるんですかね。

中堅　結構あると思います。許されるか許されないかの境界がどのあたりなのか、わからないところもありますが、大手企業だって元高検検事長のようなヤメ検を雇うことがあるでしょう。だけど本当にその人が優秀かどうかは、わからないですよね。

若手　辞めていますしね。辞めた人に発言力があるとは思えないのですが。

ベテラン　弁護士職務基本規程77条に「裁判官、検察官その他裁判手続に

関わる公職にある者との縁故その他の私的関係があることを不当に利用してはならない」という条項があります。だから表立って言っては駄目ですよね。

新人　誤解させたままにするは問題にならないのですかね。

若手　やはり誤解させるのも駄目なのではないでしょうか。

ベテラン　そうですね。「私はもともと検察にいたから顔が利くんだ」というふうに明示的に検察に顔が利くという宣伝をしたら、駄目だと思います。ただ、「もともと検察にいたから、警察のやり方については詳しいです」と言うのは許されるのではないですかね。

中堅　実のところ、「私、あそこの検事長のこと、よく知っているから」とか言いますよね。

若手　知っているのと親しいのは別ですよね。嫌われているかもしれないし。

新人　それでは「あそこの検事長は、かつて私の部下だった」と言うのはどうでしょうか。

ベテラン　事実を伝えるだけなら問題ないでしょう。「部下だったから、言うことを聞く」と言ってしまうのは駄目でしょうね。

中堅　たとえば弁護士会会長の事務所が、「私は会長だから会員はみんな言うこと聞く」と言ったらアウトですね。

若手　中には勤務弁護士で、「私はヒラじゃないんだ、もう少し偉いんだ」というような姿勢を示す人もいるんじゃないですか。

ベテラン　依頼者に安心感を与えたくて、背伸びをしようとすることはあると思います。特に新人弁護士は自信がないから、少し安心してください、そんな不安そうな顔しないでくださいということを言いたくて、余分なものを付け足してしまうのかもしれませんね。

新人　そもそも新人弁護士は、「何年目ですか」「何件ぐらい経験ありますか」と聞かれたときに困るんですよね。「なりたてです」とは言いづらいですし、「まだ一人で受けたことがないんです」とは言えませんからね。

若手　あと、一般の人の中には、ホームページの掲載順で、上が上司で下が部下だと思っている人もますね。個人事件で受けていた刑事事件で被害者と揉めてしまったことがあって、その被害者から、事務所に「上司を出せ」と電話がかかってきたので、ボスが電話に出たのですが、「あんた誰だ」ってなって、その被害者と口論になってしまいました。

中堅　一般の会社でよくあるような「社員の責任は上司の責任」のように思っていたのでしょうね。

若手　はい。ボスが「だから上司じゃありません。個人で受けた刑事事件なので、私は何も関係ないんです」と言っても、一般の人はわからないので。その後、私から「すみません。法律事務所というのはこういう形式になっておりまして」と、先輩弁護士といえども上下関係はないこと等を説明しました。

ベテラン　ホームページ上はいっしょに表示されていて、上のほうに名前があるから、責任者だと思われてしまうのですね。

若手　結構デリケートな示談でしたから、ボスの対応には困ってしまいました。結局、被害者とは円満解決したので問題にはなりませんでしたが……。

ベテラン　個人事件なら雇主に何の責任もないのかと言われたら、難しいですね。確かに社会からみたら、雇主が給料を支払って、事務所を使わせていることになりますからね。

中堅　給料を支払っていないパートナーだったら関係ないといえるのかもしれませんね。

新人　個人事件か事務所事件かは、事務局でも明確に判断できないですからね。一般の人はわからなくて当然ですよね。

若手　結局、弁護士会も個人の寄り合い所帯で、会長といっても別に偉いわけではない、というのは一般の人にはわからないですよね。何となく会長は偉いと思われているだけで。

ベテラン　弁護士がどういう意識をもっているかはわかりませんが、弁護

士会の職員からすると、会の長ですから、会社員からみた社長のようなものでしょう。

若手　でも任期は1年ですから。頻繁に変わりますよね。

新人　そこが社長と違うところですね。

7　依頼者の服装に問題があるときに

若手　依頼者の服装が問題になったことがあります。私が担当した刑事事件で、執行猶予が見込まれた事案で、被告人が判決後に遊びに行くつもりでテニスウェアを着てラケットを携えて判決期日に出頭したところ、実刑判決になったというものです。祝杯あげて帰ろうか、みたいな気持ちだったと思うのですが、それで執行猶予がとれなかったのです。あと、期日に遅刻してきたので、それも裁判官の逆鱗に触れてしまったようでした。

新人　最終的には執行猶予が付いたのですか。

若手　控訴審で執行猶予になりました。だからテニスウェアを着てきたことで無駄な時間を過ごしたわけです。

中堅　執行猶予が確実だと被告人に言っていたのですか。

若手　確実だとは言っていません。見込みが高いとは言ったかもしれませんが……。

ベテラン　受け取り方でしょうね。まさかその日にテニスウェアで遊びに行くとは思わなかったでしょうし。

新人　急に判決を変えるわけではないですよね。

ベテラン　裁判官はあらかじめ判決内容を考えているでしょうね。

中堅　でも、刑事裁判の判決は、主文以外は原本に基づかないで、その場で言い渡してもいいことになっています。

新人　とは言っても、そんなに大幅に修正しますかね。

ベテラン　裁判官は相当に頭にきたのでしょう。

中堅　分水嶺だったという場合には、というパターンかもしれませんね。

新人　そういった原因があるかもしれませんね。

中堅　少なくとも反省しているようには見えなかったと思います。

ベテラン　服装の問題は弁護士が学習していかないといけません。このテニスウェアは別としても、ちょっと場にそぐわないのではないかという服装は、確かにありますよね。依頼者の服装は、少し気にしておかないといけませんね。

中堅　この件で思い出したのですが、弁護士になりたての頃に受任した交通事故の案件で、こちらの依頼者が、高齢者を自動車で轢き、死亡させてしまった事件がありました。依頼者が釈放された際、被害者宅へいっしょにお詫びに行ったのですが、その際、依頼者は赤いシャツを着てきたのです。それを被害者の長男が見咎めて、怒り心頭になったことがありました。

若手　それは、そうでしょうね。

中堅　だけど当時の私はそういうのに気がつきませんでした。まだ経験が浅く、そういうことに全然思い至りませんでした。駅で待ち合わせて行ったのですが、「その服は、ちょっとまずいので着替えてください」ということも言えなかったのです。言われて初めてそういうことに気づいて勉強したのです。

新人　その後、その経験が活かされているのですね。

中堅　たとえばその人の立場によって服装に気をつけるよう伝えるようにしています。破産事件では、私の事務所に打合せに来るときは短パンであっても、破産管財人に面会する際は、スーツなどの服装に着替えるように言っています。

ベテラン　似たような問題で免責審尋期日に破産者が宝飾品で着飾って現れたことがありました。債権者集会だったのですが、ギンギラギンのブランドものの服やバッグを身につけていたので、困ってしまいました。

若手　債権者が見たら怒り心頭ですよね。「それを売って配当に回せ」という話になったのですか。

ベテラン　債権者は来なかったのでよかったのですが、ちょっと考えてほしいと思いましたね。

46

若手　離婚事件の調停などでは、依頼者に「地味な服装にしてください」と言うことがあります。たとえば、「お金がなくて困っているんです」みたいな主張をしているのに、宝石とかじゃらじゃら付けていたら困るので、地味な服装で来てくださいと。

新人　私も金髪に染めていた依頼者に「髪を染めてきてください」と言ったことがあります。

中堅　尋問のときも、ジャケットを着るとか、スーツを着てきてくださいと言いますね。影響があるかはわかりませんが。

ベテラン　少し違う例になるのですが、弁護士の服装で揉めたのを見たことがあります。破産管財人がポロシャツで出頭していたのですが、説明の仕方が砕けた言い方をしていたのも相まって、徐々に債権者が怒りだして、「おまえは一体何者だ」ということになっていました。

若手　ポロシャツではなくて、態度が原因なのではないでしょうか。

ベテラン　態度もそうですが、ポロシャツも原因でした。普通、弁護士といえばネクタイを締めて背広を着ているというイメージなのでしょうね。ところが、ポロシャツで、一般債権者にとっては破産管財人という立場も何者かよくわからないのに、上から目線の印象で説明されたから、怒りが増したのでしょう。

8　依頼者との間で男女関係のトラブルになりそうなときに

新人　依頼者との間で男女関係のトラブルになることはありますか。

中堅　親身になって相談に乗っていたら、依頼者から好意を寄せられたという話を聞いたことがあります。

新人　依頼者から好意をもたれるケースですね。トラブルにならないようにするにはどうしたらいいでしょうか。

若手　「先生、好きなんです」みたいな感じで迫られたらどうしますか。

中堅　逃げるのが一番でしょう。

若手　依頼された事件の終了後だったら断ればいいかもしれませんが、事

件の途中だったらどうしますか。

新人　それを理由に辞任することができますか。

ベテラン　それは難しいでしょう。

中堅　そもそも好意をもたれないように業務以外のことに対するメールは返信しないとか、いつも淡々とビジネスライクにしか接しないようにしています。

若手　それでも「先生、好きです」とか言われたら、どうしますか。

中堅　その場合は、守秘義務に反しないように注意しながら情報を開示する、つまり周りの人に知ってもらうようにします。弁護士仲間や事務局に、こういうメールがきているけどどうしようみたいな話をして、まず人に見せておくことで一応保身にもなると思います。

新人　恥ずかしがって相談できない人もいそうですね。

中堅　一人で悩んでいたり恥ずかしがったりして言わないのは、やはり危険ですよ。たとえば依頼者から熱烈ラブラブメールみたいのがきてしまったら、恥ずかしがらずに、同期にでも友だちにでも相談したほうがいいです。

ベテラン　基本的には弁護士と依頼者の関係に徹することが非常に重要だと思います。

新人　仮に好意を抱かれてしまったらどうしますか。辞任を検討することになるのでしょうか。

若手　辞任はしづらいですよね。

中堅　はっきりと言われたら辞任してもいい気がします。事件処理を続けるのは難しいと言って。

ベテラン　ケース・バイ・ケースじゃないですか。好意を抱かれたらすぐに辞任というのは難しいと思います。たとえば業務以外のメールをたくさん送ってきて、業務に支障があるとかそういう理由があれば、辞められるでしょう。ただ好きですと言われただけでは、辞めにくいのではないでしょうか。

新人　辞任するかどうかの目安はありますか。

ベテラン　本人がどう受け取るかにもよるので、一概には言えませんね。どこからがセクハラとか、ストーカーとか、そういった線引きと同じだと思います。

中堅　でも女性の弁護士だったら、すぐ辞めたくなりませんか。男性の依頼者に仕事の話をしているのに、「先生、今日お時間ありますか」と言われて。

若手　毎回、「ご飯でもどうですか」とか誘われたら困りますね。

ベテラン　どちらかといえば女性弁護士のほうが、男の人からいろいろ言われたら怖いでしょうから、辞任はしやすいのでしょうね。ただ男性弁護士の場合はなかなか怖いからとは言えないかもしれませんね。

若手　でもストーカーみたいになられたら怖いですよね。

ベテラン　そうですね。特に自宅に来られたりしたら怖いですから、それは辞任していいと思います。

新人　受任契約書にあらかじめ定めておくことは考えられますか。たとえば「特別な感情を抱いたら辞任します」のような……。

中堅　それは難しいでしょう。

新人　好意を抱かれてしまった場合、ほかに問題になりそうなことはありますか。

ベテラン　依頼者との関係ではありませんが、事務所の事務員に一方的に好意を抱かれてしまい、その事務員に「弁護士の子どもができたから堕胎した」と言い触らされたことがあります。全く身に覚えのないことでしたので、非常に困りました。

新人　ありもしないことを言い触らされたということですか。

ベテラン　そうです。

若手　好意を抱いたからって、そんなことを言い触らしますか。妄想癖があるとかですかね。

ベテラン　そんな感じでした。私が別の事務所に移った後も留守電に長々

とメッセージを入れてくるような。

新人　その後はどうなったのですか。

ベテラン　結局、別の男性に対象が移って、私から離れていきました。

若手　次の人に行ったから、免れたってことですね。

ベテラン　最後はその男性の部屋に押しかけて、警察が出動する騒ぎになりました。そこまで行ってやっと、「ああ、全部妄想だったんだな」って、みんなが私の潔白を信じてくれました。

中堅　好意を抱かれた場合、対応を間違えるとやっかいなことになりますね。

新人　逆に弁護士が依頼者に好意を抱いてしまうこともあり得ますね。

若手　私が控訴審から受けた刑事事件で、原審の弁護人がものすごく熱心に弁護活動をしていたと思っていたら、どうやら好意があったようで。控訴審の公判まで見に来ていて、傍聴席から「がんばれよ」などと声をかけていました。

中堅　事件が終わった後であれば自由恋愛じゃないですか。

若手　被告人がどう思っていたかわかりませんが、弁護士が一方的に入れ込んでいたとしたら、後でトラブルになったり、場合によっては懲戒請求されたりするかもしれませんね。

新人　お互いに好意を抱いていたら問題ないのではないですか。

中堅　事件が終わってからなら自由恋愛でいいと思います。

ベテラン　結果は考えなくていいですか。お互い付き合いました、でも別れましたとなったときに、別れ方によってはトラブルになって懲戒請求されるかもしれませんよ。

新人　それを言い出したら切りがないですね。

ベテラン　事件継続中の場合は、表向きは同意があっても、後で「事件継続中だから断れなかった」と言われてしまうケースが考えられます。

中堅　何年か前に、依頼者と添い寝をした弁護士が懲戒になったという事案がありましたね。

新人　それは嫌がっているのに添い寝をしたのですか。

中堅　事件継続中だから断れなかったのか、そのときは同意していたのに、後でトラブルになったのかはわかりませんが。

ベテラン　事件が終わった後、たとえば勝訴判決が出て、盛り上がった末に、いっしょにお酒を飲んで、そのままの流れで関係をもって、後で懲戒になったという例もありますよね。

新人　それで、なぜ懲戒されるのですか。

ベテラン　おそらく、後でトラブルになったのでしょうね。あと、既婚者だったとか。

若手　結婚していたら駄目ですね。実際はどうだったかわかりませんけど。

新人　結局、依頼者との間の男女関係に関するトラブルを避けるための対応方法としてはどのようなことがあげられますか。

ベテラン　特別な感情を抱かれないように距離をおいた対応を心がけることがとても大切だと思います。

中堅　依頼者と受任者という関係であることを常に意識することですね。

若手　誰かに間に入ってもらうとかもいいですよね。

中堅　あと、感情移入しすぎないということもあげられますね。

新人　それでも、可能性はゼロにはならないと思いますが。

ベテラン　みんな意外と自分のトラブルになると、隠そうとするというか、自分で何とかしようとする傾向があると思います。依頼者に相談されたら、「誰かに間に入ってもらったほうがいい」と指導するのに、自分の事件だと、自分でできると思ってしまう人が多そうですね。

新人　自分の力を過信しないで冷静に対応することが重要なのですね。

9　依頼者はあると言っている証拠が実際にはなかったときに

中堅　依頼者からは、証拠があると言われていたのに、実際にはなかったケースがあります。不貞事件の関係です。最初、依頼者が、その旦那さんの不貞の証拠を掴んでいる、会話の録音があるという話でした。「録音が

あれば、だいぶ有利ですよ」と言って受任したのに、受任後しばらくして
から、依頼者が「録音はない」と言い出しました。私はまだ準備書面に
「録音がある」とは書いてなかったんですけど、依頼者が、「録音はないけ
ど、あると書いてほしい」と言ってきたんです。

新人　それでどうしたのですか。

ベテラン　録音があるとは書けないでしょう。

中堅　でも、その依頼者は会話の録音はしたけど紛失しただけで、不貞の
証拠となる会話内容は聞いたと言うわけです。さすがにそれはうそでしょ
うとも言いづらいでしょう。

ベテラン　でも最終的に会話の録音を出せないことに変わりはないから、
書面には書けないですよね。

中堅　私は、依頼者に、「録音がないのにあるというと、私の責任を問われ
ることになります。録音が見つかってから準備書面には記載しましょう」
と言いました。

若手　確かに、仮に録音したといいながら最終的にその録音を証拠として
出せないとなるとほかの証拠も信用されなくなるから、録音がないのにあ
ると書面に書くのはやめたほうがいいですよと説明してその説明に納得で
きなければ、辞任するという可能性もありますね。

中堅　依頼者の紛失したという理由はうそをついてる感じではない。でも、
録音自体は存在しないわけです。依頼者は私に対して何回も、「先生、準
備書面に書いてください」というふうに言うんです。「会話の録音がある
と準備書面で主張すれば、彼はきっと正直に不貞があったと認めるから」
と。

新人　依頼者がそこまで言うのはさすがに度が過ぎてますね。

中堅　私も、そこまで毎回「準備書面に書いてください」と言われると、
私も毎回お断りするのがつらくなってきました。「がんばって録音の機械
を探してね、待っているから」と言っています。

若手　録音の機械がないと言われなかったら、準備書面に書いてしまうか

もしれません。

中堅　そうなんです。「今度録音の機械を持ってきます。とりあえず準備書面に書いておいてください」と言われたら、書いてしまうかも……。

若手　録音に関連する話でいえば、証拠として提出する録音内容を聞いていない弁護士がたまにいませんか。以前に私が共同受任した弁護士のことなのですが、「録音がある」と準備書面に記載していたので、私がその弁護士に「録音内容は反訳しているのですか」と聞いたら、その弁護士は「していない」と言っていました。私は録音内容を聞かず、反訳もしてないのに録音があると準備書面に記載するのは何が録音されているかわからないのでやめたほうがよいと思い、何回か録音を聞いてみたら、こちらが不利な会話内容が入っていました。

中堅　こちらが不利になる会話内容が入っていることはありますよね。

ベテラン　そうですね。私は心配だから、必ず録音のデータをコピーします。

若手　やはり、録音内容を絶対聞かないといけませんね。

中堅　そのとおりですね。

ベテラン　依頼者に「録音がある」と言われただけでそれを鵜呑みにして準備書面に記載するのはかなり危険ですね。依頼者に録音のデータをもらって、自分で聞いたうえで証拠として出せると確信してからでないといけませんね。

中堅　逆に、相手方が証拠として出してきた録音に、こちらに有利な内容があるときがありますよね。

若手　聞いてみないとわからないということです。

新人　しっかりと中身を確認してから判断します。

ベテラン　録音内容を聞かないと証拠として提出できるかどうかわからないし、「『録音がある』と書面に書いて、証拠として提出できないと、余計不利になりますよ」と依頼者に言うしかないですね。

新人　録音は、編集してよいものでしょうか。

若手　駄目ですね。

新人　たまに録音内容の反訳で、不利な部分は反訳されずに、しかし、録音のデータを聞くとそこには残っていることありますよね。

中堅　録音の媒体を提出すれば、反訳は一部でも大丈夫だったことがあります。

新人　そうなのですか。録音媒体の編集は許されないとしても、反訳の編集加工は許容されるのでしょうか。

中堅　私は、不利な部分ではなくて、事案に関係のない話が続いている部分は反訳しなかったことがあります。

若手　相手方は、録音内容をすべて反訳して提出するように言いますよね。

中堅　はい。そのときは、録音のデータは提出するけど、必要なところだけ反訳しました。英語の文書を提出するときも、必要な部分しか翻訳しないです。

ベテラン　録音のデータを加工したらさすがに加工したと言わないと駄目だと思いますよ。

新人　最近は、LINE のやりとりで、有利な部分だけ切り取って提出する弁護士もいますよね。

中堅　それは、一部の画面だけということですか。

新人　はい、そうです。LINE の全部の画面を出したら、こちらに有利な内容が載っていたということがあります。

若手　それはもう全画面提出しない限り信用性がないと反論するか、LINE だったら双方残っているはずだから、こちらで全部を提出するか、ですね。

中堅　こちらに LINE の記録がなければ、全画面提出をお願いするということになりますかね。

新人　たまにこちらが携帯端末の機種変更をして、LINE の履歴が消えてしまっているというようなことがあります。

若手　まあ、ありますよね。

新人　相手方のみが LINE の履歴を持っていて、こちらは機種変更等の事

情で履歴がない場合はありますよね。

中堅　その場合は、「全部の履歴を提出してほしい」とお願いするしかない
でしょうね。

ベテラン　はい。そう言うしかないでしょう。

中堅　そうすると、かえってこちらに不利な内容が出てくることもありま
すね。

新人　そこが怖いですね。

中堅　依頼者に確認したうえで相手方にお願いしたほうがよいかもしれな
いですね。「話の前後でこちらに不利になる LINE 送っていないですよね」
というふうに聞いてみることになるでしょうか。。

若手　でも、依頼者が「不利になるようなことは LINE で送っていないで
す」と言っていても、不利な内容が出てくることはよくありますよね。

中堅　弁護士としては、依頼者に不利な内容はないかということを確認し
ておけば、最低限それでよいと思います。

ベテラン　でも、相手方としても隠しているということでしょう。

若手　それもありますね。

どんなやりとりをしていた !?

ベテラン　相手方が隠しているということは、相手方に不利なことが記載
　されていることが推定されますね。

若手　そう考えたほうがいいと思います。

中堅　もしくは本当にどうでもいい内容のやりとりしかないという可能性
　もありますね。

新人　難しいところですよね。先日、LINE を印刷したら、約150枚の量に
　なりました。膨大な量でも不利な内容が含まれていないか、最低限内容を
　確認することが必要ですね。

10　依頼者が証拠を偽造していたときに

ベテラン　賃貸借契約書がないのに、賃貸借契約書を偽造していたという
　事例がありました。要するに、依頼者は、使用貸借契約ではなく、賃貸借
　契約にしないと、抵当権が実行されたら明け渡さなければならなくなって
　しまうということで、過去にさかのぼって賃貸借契約書を全部偽造してい
　たようです。

中堅　口頭での賃貸借契約の合意があったうえで、後で契約書を作成した
　ということではなく、最初から賃貸借契約書を作成していたという説明だ
　ったんですか。

ベテラン　依頼者は、最初から賃貸借契約書を作成していたという説明で
　した。

中堅　私も依頼者からそういう証拠を出されたことがあります。

ベテラン　でも、その最初から作成していたという賃貸借契約書が偽造だ
　とわかったのです。

中堅　どうして偽造だとわかったんですか。

ベテラン　昭和の時代に作成された賃貸借契約書であるのに、条項の中に
　「平成」という文字が入っていたのでわかりました。

中堅　私は、市販の少し紙の薄い金銭消費貸借契約書を、すごく古っぽい
　感じに加工しているものを見せられたことはあります。

ベテラン　それは、紅茶に漬けたりして加工したのですか。

中堅　昭和何年だったか、四十何年とか五十何年の契約書ということで、すごく加工して出してきたけど、よく確認したら、和議手続の時代なのに……。

若手　和議手続の時代というのは……。

ベテラン　民事再生法成立の前は、和議法でしたね。

中堅　昭和年代の契約書に「民事再生」の記載がありました。

新人　そういうことがあるのですね。

中堅　すごく古い紙だったのですけど……。

若手　和議から民事再生に変わったのは……。

中堅　たしか、平成12年（2000年）4月1日に民事再生法施行に伴い和議法廃止ですね。

若手　相手方がいまだに契約書で和議とか記載したまま送ってくる場合ありますよね。

新人　和議というと……。

中堅　和議は、よく解除事由とかに入っていましたね。

ベテラン　和議が民事再生に変わったのでしたね。

若手　あと収入印紙で作成年月日が判明することもあるみたいですね。

新人　そうなんですね。

若手　その年にまだ出てないデザインの収入印紙を貼ってしまっている場合は注意ですね。

中堅　そういえば、その契約書に印紙は貼ってなかったですね。

若手　税務署はそれで見抜くという噂を聞いたことがあります。

中堅　偽造だと相手に言う前に本当に偽造かどうかを慎重に検討する必要がありますよね。

若手　相手方に対する名誉毀損になる可能性もありますしね。

中堅　こちら側で作成したものなのに、こちら側の人がサインしたものではなかったら、こちら側しか偽造と主張できないですよね。

若手　以前、入念な調査をすることなく、偽造だと主張して、こちら側に不利なことを主張してくる相手方がいました。これは名誉毀損になる可能性もありますよね。

新人　露骨な偽造のときは、「偽造」と言っていいものでしょうか。

若手　私は指摘したことがあります。偽造の可能性が高いと判断した場合に指摘しましたね。偽造だと指摘できる根拠が整っているなら指摘してもよいと思います。

中堅　当時ははないと言っていたのに最近になって証拠として出てきた場合には、最近つくられたものと推認されるということは指摘してもいいのかもしれないですね。

新人　成立の真正を争うということになりますかね。

若手　書面が見つからないと言って提出までに時間がかかっていた証拠が、明らかに依頼者が押した判子ではない場合はありました。依頼者は高齢者で、書面には必ず実印を押しているとのことでしたが、明らかに買ったばかりの三文判が押印されている書面が提出されたときは、偽造であると反論しました。裁判官も相手方の代理人の態度に怒っていましたから、仮処分の決定書に「全く信用できない」ということまで書かれていた。懲戒請求も検討しましたが、結局は行いませんでした。

新人　弁護士だって、偽造を見抜けない可能性もありますよね。

中堅　偽造を見抜く手段として、たとえば筆跡鑑定についてはどう思いますか。

ベテラン　筆跡鑑定は鑑定する人によって鑑定結果が異なることが多いですよね。

中堅　裁判官もあまり信じていないのかなと感じました。

若手　筆跡鑑定を依頼する人に有利なことを書いてくれることが多いからだと思います。

ベテラン　筆跡鑑定には資格も必要ないからね。自己判断で名乗れば筆跡鑑定ができることになる。

中堅　裁判所の筆跡鑑定についても、裁判官はあまり信じていないようです。鑑定申請しても認められないことも多いみたいですよ。

ベテラン　サイン社会なのに、そうなるとほとんど自署というものは、意味のないものになってきますね。

若手　印鑑も自署もあまり意味がないということかもしれません。

中堅　だから成立の真正が争われると結構大変です。

若手　大変ですよ。やっぱり指印に戻るしかないのかな……。

11　依頼者との連絡がうまくいかないときに

⑴　依頼者がパニック障害（との申告）のため連絡がとれない

ベテラン　私が以前同時廃止の破産申立てをした際、その依頼者に、「免責審尋の期日に来てください」と伝えたのですが、「無理だ」と言われました。その理由を訊くと、依頼者は「パニック障害で外出できない」と言うので、私が「診断書を出してください」と伝えたのですが、診断書も出てきませんでした。

新人　パニック障害で病院も行けなかったということなのですかね。

ベテラン　どうだったのでしょうか……。

新人　外に出るのが怖いということなのですかね。

ベテラン　そうなのかもしれませんね。ただ、依頼者はパニック障害と一度は診断されているのですから、診断書をもらうことはそんなに大変なことではないと思ったのですが……。

若手　そのパニック障害は自己診断かもしれないですね。

ベテラン　その可能性も否定できないですね。その依頼者の破産手続開始・免責許可申立書は、時間はかかったけれど、電話でやりとりして作成しました。ところが、いざ最後の最後で、「免責審尋だけは必ず出席してください」と伝えたのですが、出席してくれませんでした。免責審尋期日を3、4回延期してもらいましたが、出席しないので、結局免責されませんでした。

若手　でも報酬は支払われたのですか。

ベテラン　報酬は受け取りました。

中堅　どのくらい説得したのですか。

ベテラン　結構説得しました。

中堅　陳述書の作成もしてくれなかったのですか。

ベテラン　陳述書では裁判所は認めないでしょうね。

中堅　先生の聞き取りでは認められなかったのですか。

ベテラン　はい。裁判所は、「とにかく診断書を提出してください」という
　対応でした。

若手　医師に直接こちらからお願いすればよかったのでしょうか。

中堅　そこまでする必要はないと思いますね。数多く破産事件を受任して
　きたと思いますが、連絡がとれない人はいましたか。

ベテラン　はい。たまにいましたね。同時廃止や少額管財もあわせて5000
　件以上やっているけど、その中で免責されなかった人は、同時廃止で 4 人
　くらい出たでしょうか。

中堅　それは免責審尋期日に出席しないからということですか。

ベテラン　はい。

中堅　それ以外は免責になるまで連絡がとれていたのですか。

ベテラン　はい。みんな連絡がとれていますね。

中堅　5000件あってもですか。真面目な人が多いですね。

新人　でも、弁護士に依頼すれば、後のことは弁護士がやってくれるだろ
　うというふうな感覚の依頼者もいませんか。

ベテラン　なかなか進まない人もいますけどね。

中堅　でも連絡はつきますか。

若手　「連絡がとれるようにしてもらわないと、免責されませんよ」と言え
　ば、連絡がつくのでしょうか。

ベテラン　最終的に連絡がつかない人だった場合には、私は辞任しますね。
　事件の処理が進まないですからね。債権者から「どうなりましたか」と連

絡がきても、依頼者が全然何にも協力してくれない、資料も集めてくれない、電話も出ないというような人だった場合には当然辞任しますよ。

若手　どれくらいまでなら待ちますか。

ベテラン　1年は待ちますよ。

中堅　1年ですか……。

ベテラン　3件くらい自宅まで訪問したことがあります。「連絡とれないと困ります」と言いました。中には鍵を開けてくれない人がいて、その場合には書面を扉の裾から入れるということもしました。私が依頼者の自宅の前でしばらく待って、依頼者に電話したら「○○にいます」と言われて、「今自宅の前にいるから、自宅の前で会いましょう」と約束して会えたこともありました。

新人　それは大変ですね……。

ベテラン　ほかの事案では、親子で住んでいて、お母さんしか自宅にいなかったのですが、お母さんが「あんなばか息子、どうなっても構わないんだ」と言っていました。私はお母さんに「それじゃもったいないよ、息子さんはある程度収入があるのだから、破産手続をやったほうがよいよ。とにかく息子さんと連絡がとれるようにしてください」と言ったケースもありますね。

中堅　どこまで親切にしなければならないのでしょうかね。

⑵　控訴期間中に連絡がとれない

若手　代理人を辞任するときに、依頼者と連絡がとれない場合、どのように辞任を伝えますか。自宅の住所がわかれば、そこに手紙を送れば済むのでしょうか。

中堅　私の場合は、それを委任契約書に記載しておきます。「○日以上連絡がとれなかったら、一方的に辞任できる」という条項です。これはアメリカの弁護士は必ず入れていて、私も真似しました。

若手　住所に届かなければ、連絡がとれないことを理由に辞任できると思って、わざわざ住民票を追いかけて辞任通知を出したら、連絡がとれてし

まったことがあります。結果、辞任できなくなりました……。

ベテラン　全く連絡が取れない人の場合、最後通告的な形で、「このままですと辞任になります。○日までに連絡をください」という通知を2回くらい送ればいいのではないかと思います。

若手　その最終日に連絡がきたりしますよね……。

中堅　連絡がとれないときに控訴期間だったとしたら、とりあえず控訴しますか。

ベテラン　控訴まで連絡がとれなかったという経験はないですけど、第1審の委任状の委任事項に控訴も含まれていれば控訴までするでしょうね。

中堅　この間、困った案件がありました。委任状は出せないけれど、とりあえず控訴状だけ出して、裁判所に、「ちょっと今、依頼者がアメリカに帰国しているようで、連絡がとれません」と言ったら、裁判所も結構待ってくれたのですけれど……。

新人　裁判所は待ってくれるんですね。

中堅　最終的に依頼者からメールは来たのですが、別件の報酬も支払ってくれないし、その件の着手金も支払ってくれていなかったので、裁判所には「連絡がとれず、委任状もないので……」と言って終わりにしたことがあります。

新人　控訴状の印紙代も支払ってもらえていないのですか。

中堅　そうです。最終的には印紙代を支払っていなかったので、裁判所から取り下げるよう連絡が来ました。その依頼者からは別件での報酬も何カ月も払われませんでした。私はもともと控訴については親切でやっていて、「一応控訴状を出しておきましたよ」とは伝えました。「他の代理人を探しますか」とも伝えましたが、結局連絡がとれず辞任となりました。

若手　要するに印紙代を支払わないで、どのくらい粘れるか。追完でどのくらいいけるかですよね。

中堅　2～3週間くらいだったと思います。

新人　控訴状を出しておくのが筋でしょうか。

中堅　高等裁判所の裁判官にもよると思います。

新人　そもそもの話、連絡がとれない依頼者のために控訴状を出しますか。

若手　事前に上訴の話もしておくしかないでしょうね。

中堅　それを理由に懲戒になるとは思えませんが……。

若手　確かに、不受理にしてもらえばいいだけですからね。「印紙が貼られていないので」といった理由で構わない。

中堅　どこまでが、その後のフォローなのかということですね。

ベテラン　普通、判決は依頼者が一番関心を示す部分だから、私は、判決の前後に連絡がつかなくなったという経験は幸いにしてないです。

若手　依頼者との間でしっかりコミュニケーションがとれていなかったためかもしれないのですが、裁判官から和解勧告がなされて、「これ以上の判決は出ない」というニュアンスでしたので、私が依頼者に和解を提案したら、「絶対に許さない」という話になりました。先日、判決が出ましたが裁判官が言ったとおりでした。私の判決内容の解説を付けて判決文を送りましたが、返事が来ません。さあ、どうしようかなということがありました。

中堅　控訴期間は○日までという連絡をしたのですか。

若手　もちろん、伝えてあります。電話もしてあります。

中堅　それで連絡が来なかったら、控訴する必要はないのではないでしょうか。

若手　その依頼者からは「こんな条件で和解するなら、裁判所に全部寄付してやる」と言われました（笑）。相手方からこちらに何百万円を支払えという判決内容なのですが、受領しないと言っています。私の報酬はどうなるのでしょう（笑）。この場合は、控訴状を提出しなくてもよいものでしょうか。

中堅　そう思います。控訴の代理権を与えていないのに、勝手にやったと言われても困りますよね。ただ、弁護士報酬の請求書は出したほうがいいですよ。権利は主張しないと。請求書を出さないと、代理人がちゃんと訴

訟追行をしなかったというふうな方向に行く可能性がありますよね。

若手　それはひどいですね。この費用で、これだけやったのに、ちゃんとやってないと思われるとか……。

中堅　「私に頼まないなら別の弁護士に頼んでもいいですよ」というような内容のメールを送ってみるとか……。

若手　普段はすぐ返信が来るのに、判決が出た後はもう全然返信が来ません。メールは読んでるみたいなのですが、絶対返事をしてきません。

中堅　だから時間制は合理的ですよね。時間制で毎月請求していれば前月分まで全部支払いがあるから、多分取りっぱぐれるのは今月分だけになります。

若手　あと、メールは100%届いている保証がないですよね。だから、「見ていない」とか、「別件で忙しくて見ていない」というようなふうに言われると困ってしまいます。

中堅　そうですね。だから、返信してくれないと不安です。

新人　開封確認メールをするほうが安全ですか。

若手　それも相手が承認してくれないと来ないですけどね。

中堅　控訴状を出すかどうか、やはり悩みますね。

⑶　依頼者が入院したため連絡がとれない

若手　私は、交渉事件の途中に依頼者が癌で入院して、「退院したら連絡します」と言われていたのに、その後、連絡がつかなくなったことがありました。

中堅　事件中のことですか。

若手　事件としてはほとんど終わっていました。こちらが通知書を出して、相手方から「拒否です」という回答が来て、依頼者と「それでは今度裁判までやるかどうしようか話し合いましょうね」と言っていたところ、依頼者が癌で入院するから「退院したら連絡します」と言って、その後、連絡がつかなくなりました。

ベテラン　事件処理はもう完了していたということですか。

若手　そうですね。交渉事件は、相手の拒否で終わっているという認識で
あれば終了していました。

中堅　交渉事件としては終わっているという理解ですね。

若手　交渉は依頼を受けて、相手方から拒否の回答が来れば、交渉が終了
しているといえますよね。ただ、交渉事件の終了の報告を何もしていなく
て、「今後どうしますか、検討しましょう」という段階でした。だから、
依頼者が「もうちょっと裁判の前に粘って交渉してください」と言ったら、
もう１回交渉することもあり得たのかもしれません。「裁判までやってく
ださい」となったら、裁判までやることもあり得たのかもしれません。た
だ、可能性としては、「それで終わりでしょうがないです」というものだ
ったのですが、「入院前でそんなことを考えている状況じゃないので……」
とも言われました。

中堅　そのようなケースを考えると、たとえば「30日間連絡がなかったら
辞任します」という条件を入れておけば、ちょっと気が楽ともいえますね。

若手　確かにそれは思いました。

中堅　何かの理由で入院した依頼者がいて、全然連絡がとれなくて、すご
く不安になったときがありました。その後かなり経ってから、依頼者の長
男から連絡があって、「先生、辞めていいです」と言われました。

(4)　依頼者が生死不明で連絡がとれない

若手　入院した依頼者と連絡がとれなくなった場合、事件処理としては終
わりでいいのでしょうか。生存確認のために住民票や戸籍をとることも問
題ないでしょうか。

中堅　生存確認という目的のためだけに使うなら問題ないのではないでし
ょうか。

ベテラン　はい。私は、生存確認のために住民票や戸籍をとることがあり
ますよ。たとえば、依頼者の家族から、「兄が死にました」というような
連絡がきますね。でも、依頼者本人以外に事情を話すのは守秘義務がある
から、死亡確認した後のほうがよいですよね。やっぱり、「死亡確認する

なり何なりしてから」というようなことは言います。そうしているうちに警察のほうから、「不審死です」という連絡が来ると、ああ、やっぱり亡くなったのかということがわかって、そこで初めて話すということがありますよね。

若手　守秘義務との関係がありますね。

ベテラン　実はつい最近なのですが、自殺した人がいました。破産手続開始申立書はほとんどできていたのですが、そこから、「最後にこれだけ書類を集めてください」という連絡が、もう3カ月くらい延ばし延ばしになっていたのです。最後に、依頼者から、「免責になってまた債権者にご迷惑をかけるのはつらくて……」というふうな手紙が来ました。

新人　委任者が死亡した場合、委任契約は終了しますね。

ベテラン　委任者が死亡した後、仮にフォローする場合、先ほどのケースだったら、相続放棄を順番にしなければいけません。「お父さんがやったら次にあなた、弟がいたら弟、そこまでやらなければ駄目ですよ」という説明はします。

若手　債務整理のような事案の場合、相続人に債務超過の状態にあることを説明することまでが弁護士の義務に入るのでしょうか。

中堅　確かに、どの相続人まで説明するかというのは問題ですね。

ベテラン　相続権がある相続人全員に説明しますね。過払金があれば訴訟にもなっているでしょう。訴訟については当事者死亡により訴訟手続が中断しますが、訴訟受継の手続をとってもらうことになること、債務の額を知らせて、相続放棄するか相続して支払うのかのどちらかになること、ほかに相続財産があってその相続財産を取得したい場合には相続放棄はできないことなどをひととおり説明します。

若手　そういう事件で、生死不詳で連絡がつかなくなって、結果的に亡くなっていたとなったら、どうしますかね。連絡がとれないと困りますよね。

中堅　たとえば、あと1回準備書面提出したら勝訴の可能性のある場合、とりあえず準備書面を提出して、勝訴判決が出ますよね。

若手　そのお金が入ってしまったら、どうするのでしょうか。

中堅　連絡を何度も入れて、「準備書面のドラフトを見ていただきたいから来てください」とか「裁判官から○日までと言われているので、とりあえず出しました」というふうに説明しておきますね。

若手　それで連絡がつかなくなったら、どうするのでしょうか。

中堅　判決をもらって亡くなっていたら、相続人に、「実は被相続人が原告だった判決があって、相手方が被相続人に300万円を支払うという内容の判決が出ています」と言えばいいのではないでしょうか。

若手　その際、相手方から、「300万円を預かり口座に振り込みますね」と言われたら、どうしたらいいでしょうね。

中堅　とりあえずいったんは振り込んでもらいませんか。

若手　相続人がいないケースはどうしますか。

ベテラン　その場合には相続財産管理人の申請までして、「その人に引き継ぐまでは代理人としてやります」と、裁判所に説明します。全部、何百万円か過払金を取得して、その中からいろいろな費用を抜いて、相続財産管理人の申立費用として渡します。残りは相続財産管理人に任せる。

若手　相続財産管理人の候補者について、こちらが「この弁護士にしてください」と言ったら、大体認められるとか、そういうわけでもないですよね。

ベテラン　どうなのでしょうか。

中堅　認められたことがあります。

ベテラン　弁護士でしたか。

中堅　そうでした。

若手　知人の弁護士を候補者としてあげれば、相続財産管理人として選任されるのではないでしょうか。

中堅　相続財産管理人ではなく、不在者財産管理人の選任でしたね。候補者名簿に名前はなかったのですが、選任してくれました。

ベテラン　不在者財産管理人ということは、依頼者は失踪してしまったと

いうことですか。

中堅　そうです。

12　相手方・被害者との関係で困ったときに

⑴　相手方が死亡したケース

若手　相手方が亡くなったときの対応に困ることはありませんか。

中堅　相手方が亡くなって、支払ってもらえるはずのお金が支払ってもら
えなくなることはあるかもしれないですね。

新人　被告が亡くなった場合、相続人がいれば相続人が承継するわけです
が、相続人がいない場合、相続財産管理人を選任するのでしょうか。

若手　私も同様の事例で困ったことがあります。私が原告訴訟代理人で、
被告には訴訟代理人が付かない、いわゆる本人訴訟でした。訴訟係属中に
被告が死亡したのですが、相続人が全員相続放棄をしました。被告に訴訟
代理人がいない場合、被告の死亡によって訴訟は当然に中断しますが（民
事訴訟法124条 1 項 1 号）、被告に相続人がいない場合においては、原告に
おいて、民法952条 1 項に基づき相続財産管理人の選任を求めるか、相続
財産法人につき特別代理人の選任を求めたうえ、その相続財産管理人また
は特別代理人を相手方として訴訟受継の申立てをする以外には、その訴訟
を進行させることはできないのです。実は類似の事例について裁判例があ
ります。原告・被告ともに本人の訴訟で、訴訟係属中に被告が死亡し、相
続人が全員相続放棄をしました。原告は相続財産管理人の選任も、相続財
産法人の特別代理人の選任もせずに、訴えの取下書を提出しました。これ
に対し、裁判所は、原告はその訴訟の追行権をもはや行使することができ
ず、その訴えは不適法として却下することができるとして訴えを却下しま
した（仙台地判平成 5 ・ 6 ・30判タ848号299頁）。

ベテラン　原告としては、ほかにやりようがなかったのでしょうか。当事
者の死亡で取下げの同意がもらえないから、取下げもできないというのは
悩みどころですね。

中堅　相続財産管理人の選任の申立ては、亡くなった被告に資産があって請求額を回収する見込みがなければ現実的には難しい気がします。

ベテラン　相続財産管理人を選ばないと何もできない状態だというのは相続でよくあることですね。相続財産管理人の報酬のための予納金を原告が負担したとしても、後々相続財産から回収できる見込みがなければ、原告としてもさすがに躊躇すると思います。この裁判例では、原告が予納金を納めて相続財産管理人の選任を申し立てても、予納金すらも返ってくる見込みがなかったため、申立てを躊躇したのでしょう。

新人　相続財産管理人の選任を申し立てる場合、予納金はいくらくらい納めるのですか。

ベテラン　予納金の金額は、相続財産の内容や管理の手間や難易度等に応じて裁判所が決めるものなので、一概にはいえませんが、相続財産の内容から相続財産管理人の報酬を含む管理費用の財源が見込めない場合、東京家裁では、予納金として100万円を納付するよう求めているようですね。

若手　最後に、被相続人について、負債が大きすぎて相続放棄が相当であると思えるケースがあるとして、その家族から処分したいものがあるという相談を受けた場合には、どうしますか。

中堅　たとえば、荷物を処分するなどして後々単純承認の事由に該当すると判断されるおそれもありますので、処分しても大丈夫ですとは言えません。

ベテラン　「大丈夫です」とは言えません。価値がなければ大丈夫ということはさすがにないと思います。

⑵　依頼者とは連絡がとれない一方で、被害者への応対ばかりが必要となるケース

若手　被疑者の国選弁護事件として担当したものなのですが、被疑者が奥さんを殴って逮捕されたというDV（ドメスティック・バイオレンス）による刑事事件を経験しました。私が弁護人として、被疑者である夫の勾留期間中、「接触をしない」ことを条件に奥さんとの示談交渉を進めており、

奥さんからも、「示談交渉中は夫からの接触を拒否します」と言われていました。ところが、夫は、勾留期間延長が却下され釈放された途端、奥さんに会いに行ってしまいました。そのため奥さんから非常に強硬なクレームを受けました。

新人　夫（本人）とはどういうやりとりをしていたのですか。

若手　この夫（本人）は、連絡が全然とれない人で、釈放された後、私が数日の間に数十回電話をかけたのですが、全く電話に出ませんでした。身元引受人の母親も同じで全然電話に出ませんでした。そのような状況で、奥さんから突然、「夫が会いに来た。話が違う」とクレームを受け、罵倒されました。

中堅　本人の連絡先は、ほかになかったのですか。

若手　私は本人から、「仕事の都合があるので早く釈放してくれ」と言われていたので、本人の職場にも連絡しました。しかし、職場の人からも本人と連絡がとれないと言われました。結局、職場にも戻っておらず、本当に音信不通になってしまい、私としてもどうしたらよいか悩んでしまう状況になりました。

ベテラン　それで、その後どうしたんですか。

若手　曜日でいうと、金曜日に釈放になってから、土曜日、日曜日、月曜日と毎日電話しても全然連絡がとれませんでした。ようやく本人から電話がかかってきたのは火曜日でした。

ベテラン　本人から電話が来たのですか。

若手　本人からです。本人に対して、「何度も電話したのに、どうして連絡くれないのですか」と言ったら、「いやいや、１件も電話なんか来てないですよ」と言うのです。私は、「そんなわけないでしょう」と言いましたが、それでも、「来てないです」と言われてしまって……。

中堅　携帯電話に連絡したのですか。

若手　はい、携帯電話に何度も電話しました。だから、着信記録は残っているはずです。本人の母親にも、数十回電話をかけましたが、１回も出て

くれませんでした。本人に、「（お母さんは）どうなってるのですか」と尋ねたら、「わからないです」と言っていました。本人は、「母親とはまだ会っていません」と言っていました。釈放されたらすぐに身元引受人である母親と会うことを私と約束したのに、これも全然守ってくれてなかったことになります。

ベテラン　それで、奥さんのほうはどうなりましたか。

若手　奥さんがものすごく怒っていて、「示談は無理です。厳罰を望みます」と強く主張していましたので、そのことを本人に伝えると、本人は、「もう嫁とは話がつきました。示談できることになりました」ということでした。「先週の金曜日に私は奥さんから大変怒られて、奥さんから、『二度と連絡しないって夫に言ってください』と強く言われていたのですが……」と本人に伝えると、「さっき僕、電話して、示談することになりましたよ」ということでした。私は事情がわからず奥さんに電話したら、奥さんから、「もう面倒くさいので、示談することにしました」と言われました。

中堅　結局、それで示談しましたか。

若手　そうなんです。示談書が私の事務所へ送られてきました。

ベテラン　えっ、奥さんからですか。

若手　はい。事前に私から奥さんに示談書を郵送してあったんです。事前に私が送った示談書は、本人がすぐには示談金を用意できないため、ボーナス払いにさせていただきたいと奥さんに伝えたうえで、ボーナス払いを前提とするものでした。

ベテラン　そのボーナス払いの示談書が返送されてきたのですか。

若手　違います。本人と奥さんとが直接話をして示談したということで、奥さんからは、ボーナス払いとは関係なく、「○月○日限りで支払う」という内容の示談書が送られてきました。

中堅　それで、約束どおり示談金を支払ったのでしょうか。

若手　処分としては、本人は、不起訴処分になりました。しかし、８月く

らいに奥さんから、「示談金の送金がないのですが、どうしたらいいです
か」という連絡が来ました。私としては、内心、「それを私に相談します
か」と思う部分もあったのですが、私からは、「本人は示談することを約
束して不起訴になってます」という説明を一応しました。すると、奥さん
は、「自分の知り合いの弁護士によると、『検察官に相談すれば不起訴処分
を取り消してもらえるから再度処分することができる』というふうに聞い
たから、そうします」と言いました。

ベテラン　そんなことできるのですか。

若手　私もそのようなことができるかどうか正直知りませんでした。私と
しては、「不起訴処分になっているから無理ではないか」と思ったのです
が、先日、同期の検察官と話す機会があったため、一般論として、そのよ
うなことができるか質問したところ、「できるんだよね」ということでし
た。彼の説明によると、「起訴猶予処分の場合、『再起』といって、再び捜
査に着手して起訴することが可能で、実際に起訴もしたことがある。示談
金の支払いを前提にした被害者の宥恕が起訴猶予の決定打だった場合、当
然のことながら事案にもよりけりとはいえ、再起する場合がある。そうし
ないと詐欺的な示談が横行してしまうおそれがある」ということでした。

新人　なるほど。そのような可能性もあるのですね。

若手　その後、本人に電話をしましたが電話してもつながらないので、本
人とは音信不通のままでした。「支払ったほうがいいですよ」とも言えま
せんでした。そもそも起訴されたのであれば、私に何か連絡が来るかなと
思っているのですけれど、何も連絡は来ないままですね。

中堅　もし連絡が来たらどうします。

若手　正直、判断に迷うと思います。

ベテラン　そうですよね。「先生。起訴されました、お願いします」と連絡
が来たら……。

若手　とはいえ、起訴されて公判請求されたら、国選弁護人としてやらざ
るを得ないかなと思っています。

中堅　このケースで考えておきたいことは、加害者が被害者に会ってしまった事案ですよね。

ベテラン　しかも、本人には連絡がとれない一方で、被害者からは連絡が来るという事案ですね。

若手　本人とは音信不通で、身元引受けを頼んだ人も一切連絡がとれず……。被害者以外、誰とも連絡がとれずに、釈放された本人が被害者である妻に会いに行き、被害者が大変怒ってしまったという……。

新人　そういうときは被害者に何と言うのですか。謝罪するのでしょうか。「事実の確認ができないから」という話もするのですかね。

若手　このときは、「そうですか」と言って、「私も本人に電話してみます。私は会わないように言っておいたのですが、もし本人と連絡がとれて事実確認ができたら、約束を守るように伝えます」と説明しました。

新人　そうなのですね。認めるわけにもいかないし、そもそも代理人が知りようもない話だし。

若手　はい、そのとおりです。

新人　後払いによる示談というのもあるのですね。

ベテラン　そうですね。私がもし被害者側の代理人だったら、絶対あり得ないのだけど。

若手　被害者側には代理人は付いていませんでした。

中堅　夫の勤め先は、いわゆる安定したところだったのですか。

若手　しっかりした会社でしたので、奥さんも納得していたのです。

ベテラン　ちなみに、離婚はしてないのですか。

若手　奥さんは離婚したいと言ってましたけど。あとですね、その本人がSNSに奥さんのことを書くから、奥さんからは今後一切書くなと言われていました。本人はSNSに投稿しませんという誓約書を差し入れたんですけど、釈放された途端に、SNSに投稿を始めました。

中堅　えっ、実名ですか。

若手　はい。実名です。

中堅　そうすると、お友達とかにわかっちゃうということですね。

若手　そうなのです。「私が駄目にした」みたいな内容で私に対する不平不満もたくさん投稿していて、奥さんから、「先生、SNS 見ましたか。めちゃめちゃ書かれてますけど……」という連絡を受けました。私は、SNS に投稿しないという誓約書を裁判所に出していたのですが……。

ベテラン　個別の事案はともかく、弁護士のアドバイスを聞かない人もいるということですね。

Chapter

II

第 2 章 | 裁判手続上の
対応

I　訴えの提起

1　訴えの提起が最善手ではなかったかもしれない

新人　相当の理由があって取締役解任の訴えをしたのですが、訴えの提起から1年後には、その取締役は定時株主総会で任期満了だったという事案があります。勝っても控訴されれば1年で終わらない可能性があるのに、解任の訴えを提起したということです。なお、依頼者は、株式を半数もっているという事案です。

若手　解任の訴えを提起せず、その役員の任期満了を待てばよかったのではないか、ということが問題になるということでしょうか。

中堅　もし、そのあたりを説明しなかったのであれば、依頼者から過誤と言われる可能性もあるように感じますね。説明不足だったということで。

新人　任期満了することは依頼者でもわかりそうな気がします。1年で終わらないというような説明をするべきだったのでしょうか。

中堅　でも、1年で終わらないかどうかもわからないですよね。また、控訴があるかどうかもわからない。ただ、1年というのは一つの例かもしれないけど、たとえば3カ月後に任期満了だとして、これだと絶対間に合わないのに説明しなかったら、やはり着手金泥棒などと言われてしまうかもしれませんね。

ベテラン　解任の訴えが認められたら、残りの期間の役員報酬は支払わなくて済むでしょう。そういう意味で、この事案でも解任の訴えを起こすことに実益はあるのではないかと思います。

中堅　そうですね。その点を措くとしたら、やはり過誤ということになっても仕方ないかもしれません。たとえば、来月任期満了で再任阻止できるのに、訴え提起の着手金もらってたら……。

若手　着手金が100万円で、取締役の報酬が1カ月分50万円のときにマイナ

ス50万円はどうしてくれるのか、ということになりますか。

中堅　「相当の理由」があったわけですから、解任の訴えを提起されるのとされないのとでは、その役員にとっては、相当インパクトが違うのではないでしょうか。

新人　実際のプレッシャーになりますかね。取締役に不正の行為があったと主張したいということであれば、訴えを提起する価値は十分あるということになるでしょうか。

中堅　訴えること自体は全然問題ないわけですから。ただ、1年後に再任を阻止できますよ、ということを説明したかどうかですよね。その説明を聞いてそれでもやると言えばいいのではないでしょうか。

ベテラン　そうですね。依頼者が株式を「過半数」もっていたのなら、株主総会で解任することができたのでしょうが、この事案では、「半数」のようですので解任決議が否決されたので、訴えたのでしょうね。

中堅　そういうことですね。だから、訴えの提起には意味があるのでしょう。意味はあるけれど、依頼者にそのあたりをきちんと説明しているかどうかの問題だと思います。

ベテラン　あと、詳細は不明ですが、このケースでは取締役の職務執行停止の仮処分が検討できたかどうかですかね。

2　依頼者への説明が十分ではなかったかもしれない

新人　依頼者には、どこまで説明しなければいけないのでしょうか。1年後にはその取締役は定時株主総会で任期満了する予定だったとして、そのことを説明しないで取締役解任の訴えを提起して、その後、結局、訴訟の途中に任期満了で退任したとなったら、どうして説明してくれなかったのか、どうして取締役解任の訴えをしたのかと、依頼者との間で問題になりそうです。

若手　取締役解任の訴えの提訴から口頭弁論の終結までが、たとえば10カ月くらいで、その取締役が任期満了で退任する予定の株主総会開催日の前

に第一審の弁論が終結して、解任を認容する判決が出たとしても、控訴されてその控訴審での口頭弁論終結前に取締役が退任してしまえば、控訴審での判断は、訴えの利益がないということになりますよね。

中堅　そうであれば、提訴すること自体に意味がないといえると思います。ただ、解任の訴えが認められれば、残りの期間の役員報酬は支払わなくて済むということもあるし、また、不正・違法な行為をやってることを知らしめたいから訴えました、株主などに知らせたいから訴えてくださいということもあるでしょうから、一概にはいえません。

ベテラン　大事なのは、依頼者に対して、訴えの利益なしと判断される可能性があることをリスクの一つとしてきちんと説明するかどうかでしょう。

中堅　依頼者にその説明をして、それでも依頼者が納得したうえで訴えてくださいと頼まれたら受任する、ということですね。

ベテラン　依頼者が納得したとしても、受任するかどうかは悩ましいところです。とにかく、このケースでいえば、受任する段階でいつまでがその取締役の任期であるかをチェックして、依頼者に説明をすることが必要でしょう。

中堅　依頼者の側でも取締役の任期は比較的簡単に把握できるかもしれません。しかし、依頼者は会社法の専門家じゃないので、やはり依頼者にその説明をきちんとしておくのが確実です。

ベテラン　そういうことですね。

3　準備書面における誹謗中傷は名誉毀損になるかもしれない

新人　訴訟において、準備書面の中で相手方やその代理人の誹謗中傷をすると、名誉毀損になるという知識はありますが、限界事例はどこなのでしょう。「相手方代理人は、契約内容の基本的な解釈もできていない」くらいは書いたことがあるのですが……。

ベテラン　これは判例がいっぱいあるはずです。

若手　契約内容の基本的な解釈もできていない事例は結構あるといえばあ

りますが……。

中堅　そのくらいの記載は、よくある記載かもしれませんね。

ベテラン　でも、「相手方代理人は、契約内容の基本的な解釈もできていない」とは、書かないほうがいいと思います。

若手　本筋と関係ない人格攻撃とか中傷だからまずいということはありますよね。

中堅　おそらく、表現が名誉毀損等の不法行為となって、損害賠償責任が発生するラインと、懲戒事由に該当するラインがあり、懲戒事由に該当しなくても、事実上、紛争に巻き込まれるリスクがあるかもしれないということでしょうか。

若手　そうですね。

中堅　損害賠償請求が認められる違法性と、懲戒の対象となる違法性と、どちらが名誉毀損に関しての違法性が強いかと考えると、同じぐらいでしょうか。

ベテラン　戒告程度であれば、懲戒としては出やすい可能性があるのではないでしょうか。懲戒事由に該当するのは、弁護士としての品位を落とす行為ですね。

新人　損害賠償責任とはまた違うんでしょうね。

若手　程度としたら、やはり損害賠償請求が発生するほうが厳しい気がするのですけれど、どうですか。

ベテラン　懲戒が出やすい、損害賠償請求が認められにくいと、一概にとらえられるものではありません。

中堅　私は、「相手方代理人は、契約内容の基本的な解釈もできていない」くらいだと、不法行為にもならないし、懲戒事由にもならないように思いますが、このようなことを記載すると、客観的にみて、裁判官からみても、弁護士に対する心証が悪いと思いますよ。

新人　書かないほうがいいでしょうか。

ベテラン　はい。

若手 たとえば、「虚偽」とは、なかなか私は書かなくて、「事実に反する」とかの表現にとどめるよう気をつけています。

ベテラン それでいいのですよ。不合理な解釈や事実に反する主張は、相手方の主張を排斥する方向に結びつければいいので、代理人が悪いというようなことを書くことはないでしょう。

中堅 私の事務所では書面に関して、他のパートナーとダブルチェックをしてから提出することにしています。ある事件で、相手方代理人が、こう言っては何ですがさすがに的外れな主張をしていたので、私なりにその批判を記載したら、そこを削除せずに他のパートナーが提出してしまったことがありました。

ベテラン あらら。

中堅 私としては、ほかのパートナーが、削除してくれるだろうと期待をした部分もあったのですが、その予定と異なり、そのまま出されてしまいました。

新人 それでどうしたのですか。

中堅 書面を差し替えました。ただ、あのときはさすがに焦りました。言いたい放題、罵詈雑言書いていたので……。絶対直すだろうと思ったら、そのまま出してしまって……。

ベテラン 昔はすごかったですよ。一方が相手方本人に対して「このドブネズミ野郎」とか、そういう過激な表現をしていたのです。本当に「ドブネズミ」っていう表現を私は見たことがあります。そうすると他方も、「この何とか野郎」といったように応酬がある。

新人 それは準備書面段階ですか。

ベテラン はい。準備書面です。

中堅 古き時代にはこういうこともあったかもしれません。古い感覚が抜けない弁護士は今もその感覚でやって問題になり、裁判なり懲戒になる。「準備書面も名誉毀損になる」ことが当然となる以前の時代はいわば何でもありで、その感覚のままいってしまうと……。

新人　依頼者が準備した資料じゃなくて、弁護士の準備書面にそう書くのですか。

中堅　お互いに加熱してくると、やられたらやり返す、というやつです。相手方が性質のよくない人だと、おとなしい書き方ではなく、「ドブネズミ野郎」とか、こういう表現になっちゃうんだね。それに対して「何とか野郎」と応酬すれば、相討ちみたいなもんだから、お互い様ということで……。

若手　そのような乱戦に巻き込めば、お互い様になりますか。

中堅　いやいや、そんなことはないでしょう。

ベテラン　少なくとも、裁判官はよい印象を受けないですよね。

中堅　こっちがやられっぱなしだと、「何ですか、劣勢じゃないですか、先生」というふうに言われるかもしれないですね……。

ベテラン　確かに、依頼者がこう書いてくれと言っている場合もあるでしょうね。

中堅　それもありますよね。依頼者の要望で過激な表現を……。

ベテラン　依頼者に、「書きましたからね……」と言って安心させるということもあると思います。

中堅　私なんかは、「準備書面では勘弁してください」と言いますよ。だけど、「陳述書はどうぞ好きに書いてください」というふうに。そこは、臨機応変に対応しています。

ベテラン　陳述書で書いて出しても弁護士が懲戒になった例があるようですよ。それは弁護士が内容のチェックをしてないものでしたが。

新人　本当ですか。チェックしてないことを理由に懲戒ということですか。

ベテラン　はい。

中堅　でも、今のこの時代、抑えるのはしんどいかなと思います。依頼者優位の時代ですから。依頼者優位の時代に、「陳述書に書くのをやめてください」というのは難しいように思います。勝てばいいけれど、負けたときは大変なことになりそうです。

ベテラン　どちらかというと、私がありそうに思うのは、ベテランの代理人が、若手の代理人に対し、たとえば「委任契約の要件事実を知らない」などと表現する場合でしょうかね。

中堅　それはあり得ますね。でも、弁護士相手に裁判をやってるわけじゃないので……。

ベテラン　相手方をけなしてるわけではない、という論法になるのだろうけれど、よくないですよね。

中堅　「契約内容の基本的な解釈もできていない」、これはセーフだと思います。だって基本的な解釈というのは通説・判例があって、そこからの程度が著しいだけですから、これはセーフではないかと。あとは主語の問題ではないでしょうか。準備書面の攻防というのは「代理人」とは普通名指ししないですよね。

ベテラン　そうですよね。

中堅　代理人はあくまで代理人です。

若手　ここで相手方代理人が主語になるのは、違和感があります。

中堅　おかしいですよね。相手方が交渉の過程でこういうことを言ったとか、そういう記述はあり得ますが、通常は代理人は主語にならないですよね。

若手　ここで主語になるのは、「相手方代理人の主張」なのではないでしょうか。主張がおかしいのであって……。

中堅　代読すればいいのですね。相手方は……。

若手　「相手方の主張は契約内容の基本的な解釈において不合理である」という文章だったらいいですかね。

中堅　それだったら、なおいいですよね。

新人　でも、本人の話を法律的に構成して主張してくるのは代理人ですので……。

ベテラン　言い方が悪いのですよ。

中堅　一律に主語の問題だけではなく、事実関係なのか主張なのかによる

のだと思います。たとえば、私は、相手方代理人と交渉したのに、その代
理人が交渉過程を全部否認してきたから、私は録音をとっていますと言っ
て、相手方代理人はこれこれこういうふうに言った、という主張はしたこ
とはありますね。これは、別に品位を害するということにはならないかと
思います。

ベテラン　それは事実だからいいとなるでしょう。

中堅　人格非難や能力批判にならないようにしなければならないですね。

ベテラン　言ってることや主張がおかしいのであって、別に、「お前はばか
だろう」というところは全然争点ではないと思う。

中堅　それは、確かに。

ベテラン　基本的にはこうですよと指摘すればいいのであって……。

中堅　だから、相手方の主張は不当であると言う表現はいいですけど、こ
んな不当な主張をするやつはばかに違いないというようなことを書いたら
アウトだと思います。

ベテラン　そんなことを言う必要は一切ないですね。

中堅　ほかにも、たとえば、こんな人が司法試験に受かったとは信じられ
ないというようなことを書いたら、それは関係ない部分ということになり
ますよね。

ベテラン　そういうことになるでしょうね。やはり50歳を過ぎるとだんだ
んマイルドになってきまして（笑）。私が以前見たもので、やはり準備書
面なのですが、相手方の先生が書いたのが、こちらの依頼者のことをダイ
レクトに「底意地が悪い」と書き、さらにそれに傍点が付けてありました
（笑）。

若手　強調まで（笑）。

新人　たとえば、誹謗中傷の書面を書いて、その書いた代理人弁護士が損
害賠償請求されたり懲戒されたりとかした場合、依頼者本人は、損害賠償
請求される可能性はないのでしょうか。

ベテラン　あるとは思いますよ。共同不法行為とか……。

若手　書面の名義人は事務所の弁護士でも、そうなのでしょうか。

中堅　私がやっている事件で、暴力団の被害者から依頼を受けていて、相手方は金融機関なのですけれど、こちらが暴力団員とグルだと言われたので、「こちらは刑事告訴までしていて、警察に照会をかけて、暴力団構成員ではないです」と主張したのですが、相手方は何も調べないで、代理人の弁護士が、「被告（私のほう）は暴力団構成員だ」と書いていたので、名誉毀損で損害賠償請求をしようと考えています。

若手　その相手方はまずいですね。

中堅　まずいでしょう。

若手　暴力団として登録されているかどうかは、確認できるはずではないですか。

中堅　そうそう。警察ならできますね。そこで、損害賠償請求を一応する予定なんですが、ただ、その書面は代理人が書いたから代理人の責任なのか、でも金融機関がやってるから、会社に対する損害賠償請求でいいかなと思っているのですが、どうですかね。

若手　それは弁護士じゃなくて、会社に請求するのではないでしょうか。

中堅　会社に請求ですよね。だからそういう意味では、逆に言うと、弁護士が書いたことで依頼者が損害賠償請求を受けるリスクもあるから、そこも気をつけないといけないですよね。

ベテラン　それはどういう証拠で書いたのでしょうね。そのような主張をする以上、ある程度証拠を出さないといけないですよね。

中堅　ただ、要するに、被害者ではあるのですが、当然付き合いはあったわけで、そうなるとその者も構成員だ……ということを、多分、普段暴力団関係の事件を経験していない弁護士が反射的に書いてしまったのではないかと思うのです。相手方代理人は複数いました。

若手　ですが、その書面に記載のある代理人は全員責任を免れないですよね。

中堅　本当はそうですね。だからどうしようかなと考えています。

Ⅱ　裁判関係書類

1　必要な書類・記録を紛失しないように

若手　事務所に入って3年目くらいのときに、医療事件の被告代理人になった事案がありました。前日（確か日曜日でした）、被告医師宅で打合せをして直帰し、当日は午前6時30分くらいに電車に乗って事務所に向かいました。私は疲れていました。早朝なのでシートに座ることができ、鞄とカルテ原本の入った紙袋を足下に置いて寝落ちしていたら、あっという間に駅に着いたというアナウンスが聞こえました。お客さんが乗り込んでくる中、慌てて足下の鞄を手に取って下車しました。

新人　とうことは、カルテ原本の入った紙袋は車内に……。

若手　はい。そのことに気づいたのはその日の夕方でした。真っ青になり駅や忘れ物保管所のある各駅に電話しましたが、数日待たないとわからないと言われました。食事も喉を通らず、辞職願の文案を考えて5〜6日経過したところで、（確か土曜日に）駅の遺失物係から連絡がありました。なぜかそこで回収されたらしいのです。体中に血の気が戻ってくる感覚を体験しました。車で駅に行って紙袋を回収したときの感動は忘れられません。

新人　自分だったら恐ろしいですね。

中堅　何か重要書類をなくしたことがある方はいますか、ほかに。最終的に見つかったにせよ。

ベテラン　私も経験あります。記録を持って電車に乗って、車内に置き忘れました。

新人　見つかったのですか。

ベテラン　駅員さんに伝えたら、すぐに出てきました。

中堅　契約書をなくして依頼者に謝ったというような経験をしたことはあ

りませんか。

ベテラン　原本なくしたことはさすがにないですね。

中堅　「先生に渡したはずだ」というようなことを言う人はいますよね。

ベテラン　いますね。契約書がなくなったというので、こちらも一生懸命探したのですが、ないんですよ。絶対返してるはずなのですが。それから約半年後にその依頼者と会う機会があり、「ああ、ありました」というふうに平然と別の話をするわけですよ。そうだったら出てきたときに（すぐに見つかったらしいのですが）、どうしてこちらに連絡してくれないの、あれからこちらも随分心配してたんですよと伝えたのですが。

中堅　原本をどちらが持っているかという話でいうと、銀行マンとか証券マンとか税理士さんは、複写式の預かり証を使っていますよね。「これ、預かりました」と言って、それでビッと渡す。私はあれをやってる弁護士は見たことないですね。

ベテラン　私は原本のコピーをとって、原本は相手に戻します。

中堅　それがベストですよね。

ベテラン　原本を返しましたという記録をちゃんと取っておきますね。

中堅　証拠に出すときだけ、依頼者に「○○を持ってきてください」と伝えています。

新人　原本でなくてはならないものは意外と少ないように思うのですが。コピーを提出しても、何も指摘されないことが多いように思います。

中堅　訴訟ではなくて遺言執行者をしていたときに、相続税の申告のために、税理士から「ちょっと通帳を貸してください」と言われたので送って、また送り返してもらってということを繰り返していたら、通帳がいっぱいあったので管理に困ったことがあります。

若手　依頼者から「○○が必要なので送ってください」と言われて、送って、送り返してとやってるうちに、どこにあるかそのうちだんだんわからなくなるということもありますね。

ベテラン　それから、事件が終わった後に原本をまだ持っていると、依頼

者は、もう事件は終わって忘れちゃったのだろうと思いますが、預かっている原本を受け取りにこないこともありますよね。「送りましょうか」と言っても、「先生のところで持っててください、捨ててもいいです」というふうに言われたこともあります。捨ててもいいですというのは困りますよね。

中堅　捨てられませんからね。

ベテラン　困っちゃいますね。3年間はとっておかないといけないですから。

中堅　契約書などは記録に入れ込みますよね。別途、金庫に入れるというようなことはしないですよね。

ベテラン　そうですね。

中堅　供託書は、金庫に入れますが。

ベテラン　大事なもの以外は難しいですね。金庫は、そんなに大きくないですからね。

新人　何を入れておきますか。お金以外ですか。

ベテラン　遺言書だとか、定期預金証書だとかは金庫に保管しています。

中堅　金庫はあまり使っていないから、暗証番号がわからなくなっています。成年後見をやってる人は通帳、印鑑、証書などを金庫に入れるのでしょうね。

若手　書類を電車などに置き忘れないように気をつけましょうという以上のことはないのかもしれませんが、予防策としてはそもそも原本を外に持ち出すことをしないということも考えられるのでしょうか。書類をなくすリスクを減らすということがやはり一番ですよね。預かるかどうかということと、なるべく外でもらったら早くどこかにとにかく保管するということと……。

ベテラン　そうですね。

中堅　やはり置き忘れのリスクはありますからね。

ベテラン　プライバシーの流出の問題があるでしょう。

若手　書類の管理規程を設けて管理している弁護士もいますね。

ベテラン　基本的には事務所で仕事していますね。休日も事務所で仕事をしていますし、夜も事務所でやっていますね。

新人　原本持ち出し禁止ということは定めていないのですか。

ベテラン　裁判に関しては、原本に触る機会すらないですよ。

中堅　だけど、破産申立てなどはやっているのですよね。

ベテラン　はい。破産申立ては個別の担当が管理してるものもありますけど、それも弁護士レベルには全部コピーで渡していますので。

若手　確かに、破産申立て関係だったら別に家でやることはあまりないかもしれませんね、できる人は。

中堅　私は、原本は捨てない限り事務所内にあるので、あまり紛失のリスクは正直考えたことがないのです。私はお酒も飲まないし、物をなくしたことは基本的にないので。

若手　持ち出さないということが最大の対応策ですね。事務所のどこかに絶対あるということであれば対応のしようはありますから。あとは、事務所の引っ越しはしないということでしょうか（笑）。

中堅　書類に記載された個人情報を廃棄したり燃やしてしまうというリスクと、原本を事務所の外で紛失して再現できないというリスクとは、また違いますよね。それこそインターネットでの流出も含めて、リスクは常にありますからね。

ベテラン　いま思い出したのですが、かつて、私の事務所の勤務弁護士が自分の机の脇のごみ箱のすぐそばに現物の記録を置いたまま帰っちゃったことがありまして、清掃業者がごみだと思って持っていってしまって、なくなってしまったということがありました。そのときは裁判所と相手方の代理人に事情を説明して、全部コピーさせてもらって再現したことがありました。

中堅　それは非常事態ですね。でも、外部の清掃業者が入ることがありますよね。そういうのはどうしていますか。確実に信頼できるところに頼む

ということでしょうか……。

ベテラン　確かに、そうですけど……。

中堅　あまり気にしないですか。

ベテラン　本当は気にしなければならないのでしょうが、そう言われると、ちょっと危ないような気がします。

中堅　プライバシーや個人情報に関して何かあったら、信頼をなくしますね。

ベテラン　信頼をなくすと、紹介もしていただけなくなりますね。すぐにインターネットで検索できる時代だから、一回何か「×」が付いたら、その後、仕事を受ける量は減ると思います。恐いですね。

中堅　事務所内で記録を紛失して見つからないということはありませんでしたか。

ベテラン　ほかのファイルに入ってしまうことはありましたね。

新人　膨大な量の書類があるわけですから、それがどこに入ってしまったのか、わからなくなることはあります。みなさん、一日に届くファクスや郵便物が膨大な量になりますよね。それは、誰に管理してもらうのがよいと思いますか。事務員などに一個一個クリアファイルに入れてもらって、見たものはファイルにしておいてもらうというふうに、どうしていますか。

中堅　事務所に行ったら、どこかに積んでありますよね。

若手　積んであります。私の机の上にずっとあります。

中堅　一個ずつクリアファイルに入れたりするわけですか。

若手　自分でやっていますね、そういうのは。

ベテラン　私は、最初はクリアファイルに入れていくつか積んであって、自分で一応全部は見ます。私の専用のボックスがあるので、そこの棚に全部入れてくれます。

中堅　それはいいですね。私は、一個ずつクリアファイルには入ってないけれど、付箋やクリップやステープラーで、一式がわかるようにしてもらっています。

ベテラン　私のところにはクリアファイルがすぐたまっちゃう（笑）。

中堅　年末に大掃除したら、机の上から50枚くらい出てきたり（笑）。

ベテラン　そういうもんです。

中堅　私、今日印刷したものを入れてもらって、なるべくその日に全部見て帰るようにしています。私は、紙ファクスではなくてネットファクスを使っているので、印刷したものをなくしても PDF は残るわけです。

新人　でも、それだと広告なども入ってくると思うのですが、それも見るのですか。

中堅　広告だったら捨てますよ。ネットファクスは休みでも家からも見られるし、便利ですよ。出張中も全部見られるし、新幹線でチェックもできますしね。

2　必要な書類・記録を破損しないように

若手　訴状をコピーしようとしたところ、ステープラーに気がつかず、危うくコピー機を破損しそうになったことがあります。訴状だけではなくて、証拠原本の取扱いで困った経験はないですか。

新人　たとえば、書類の原本にパンチ穴を開けて綴じていますか。そもそも、書類の原本に穴を開けてもいいものなのでしょうか。また、書類をPDF データにする場合に元々のステープラーを外してもいいのでしょうか。判決文はどうされますか。私は、判決文については、元々のステープラーを外して、コピー機フィーダーにかけて、「裁」の文字の通し穴が見えるように原状回復して、またステープラーで留めているのですが……。

中堅　判決文は、原則、元々のステープラーは外しませんが、例外的に、分厚い判決文は外してしまいます。

若手　私は、コストを考えてしまいますね。判決文を 1 枚 1 枚開いて、コピーしていたら膨大な時間がかかるので、元々のステープラーを外して、フィーダーを使ってコピーして、原状回復します。

中堅　依頼者から預かった契約書原本などは外さないですよね。

若手　さすがにそれは外さないですよね。

中堅　契約書の原本は、預かり物ですから。契約書って普通、製本テープを貼って、契印してあることが多いですよね。その場合は、バラバラにはしないですよね。

新人　ちなみに、不動産などの登記簿謄本はどうしていますか。

中堅　それは外してもいいのではないでしょうか。判決文に戻りますと、みなさん、判決文は穴を開けますか。

ベテラン　判決文はさすがに穴は開けないですよ。

中堅　私は、判決文でも穴を開けちゃいますよ。

若手　話を元に戻しますが、記録をコピーするときにフィーダーにかけたら、ステープラーがあって、途中で止まることはありますよね。

中堅　そうそう、止まってしまうことがありますね。

新人　それはすべてにおいてありますね。

ベテラン　訴状原本が引っかかってもそれほど問題にはならないとは思います。

中堅　むしろ、訴状ではなく、契約書の原本などを元々のステープラーに気がつかずにフィーダーにかけた場合のほうがヒヤリとしますよね。

新人　フィーダーにかける前には、ステープラーがないかを一つずつ確認しましょうということですね。

若手　それでは、証拠書類の原本で、ステープラーになっているものについては、外してコピーをとっていますか。

中堅　私は外さないです。以前、検認された後の遺言書を依頼者が持ってきたのですが、検認後のステープラーを依頼者が外していたケースは、「大丈夫かな」と思いました。

ベテラン　あれだって外したっていいと思いますけどね。

中堅　いいとは思うのですが、一応、検認されて押印されているじゃないですか。

ベテラン　そうですね。一体のものですよ、ということですね。

中堅　復元はできますけど、ずれちゃうことがありますよね。裁判になったときは、原本を確認するわけだから、相手方に「あれ？」というふうに言われそうな気がしますよね。本当に争われたら、何か言われそうな気がします。

ベテラン　継続性が認められればいいのですから、それほど問題にはならないのでは……。そこで別に外しても、外した後に多少ずれても、後で合えばいいと思います。ただし、袋とじにされている文書はまずいですね。

若手　確かに、それはまずいですね。

ベテラン　袋とじはやってはいけないのだけれど……。袋とじになってない書類で、ただ、契印があるものについては、コピーをとる際には、ステープラーなどを外さずに見開きでとるしかないですよね。

中堅　ステープラーだけで袋とじになってないやつは、外されても大丈夫なように毎ページに契印するから、外してもよいのではないでしょうか。

ベテラン　私は疑問ですね。契印は外してもいいようにするものなのですか。

中堅　外されてもいいように契印をするじゃないですか。

若手　やはり、契印は、差替えできないようにしているのですね。

ベテラン　そういうことです。

若手　契印が続いていれば、差替えではないという証明になるということでしょうか。

ベテラン　外されたくないなら、製本テープなどで袋とじにすべきでしょうね。

若手　そうですね。袋とじだったら、各ページの契印は不要ですよね。

ベテラン　要らないですからね。

若手　製本テープの表と裏のテープの境目に押印をするということになるのでしょうね。

ベテラン　そうですね。

若手　さすがに、袋とじをちぎる人はいないですね。

中堅　そうですね。それはだから破ってはいけないよという体裁になってるわけですよね。

若手　文書のステープラーを外してコピーした後に、原本のあるページが抜け落ちてしまう可能性があると思いますが、そうなると……。

中堅　その場合は、原本を紛失するということになりますね。

若手　紛失、ですか。

ベテラン　紛失の可能性もあるので、コピーをとった後、枚数などを確認してから、ステープラーで留めるということでしょうかね。

若手　それはありますよね。原本の番号と写しの番号とを比較しながら確認していくということが重要でしょうかね。

ベテラン　確認をしておけば、紛失という可能性は防げるということですね。

中堅　あとは、書類が送られてきた封書を開封する際に、中身もいっしょに切ってしまうということもありそうですね。これについてはどうでしょうか。

ベテラン　それはありますね。最初に机などにトントントンと整えて一方に寄せる、これを面倒臭がらないということが重要だと思います。

3　必要な書類・記録の保管に不備がないように

若手　判決文は依頼者に渡しますが、みなさんはいかがですか。

中堅　私は、判決正本は、私自身が事務所に保管しています。そこも違うのですね、人によって。

若手　書類の原本はなるべく保管しておきたくないです。依頼者に渡したいです。

中堅　たとえば大企業とかで、「会社で保管する」っていうところでは会社に渡していますけど、個人とか中小企業であれば、「私のほうで保管します」と伝えて、保管しています。

新人　その保管というのは、何年くらいしていますか。

中堅　私は、ずっと保管しています。判決正本というファイルがあって、そこに全部綴じてあります。和解書も全部、保管してあります。

若手　裁判を多く受任している事務所では、判決書は相当な量になると思うのですが、事務所とは別に倉庫みたいなのを借りているのですか。

中堅　判決自体は 1 年に数件なので、別途保管用の倉庫は借りていないですよ。ちなみに、勤務弁護士時代の事務所でもそうでした。判決正本だけで何十年分もありました。ただし、保管するのは判決正本だけで、その他の記録は一定期間経過後はすべて処分していたようです。それを見ていたので、それが普通だと思って、独立後もそのようにしていました。

若手　たとえば、ベテランの弁護士の事務所は、判決正本だけではなく、資料も全部保管しているようです。昔の裁判の記録が、図書館のようでした。ただ、そうすると、保管のための倉庫などのコストがかかりますよね。

ベテラン　かかります。

若手　どうしていますか。

ベテラン　私のところは倉庫業者に預けています。

若手　そういう弁護士が多いですよね。保管箱に番号を付っておいて、必要になったら、「○○番の箱を持ってきてください」などと連絡すれば、出してくれますよね。

ベテラン　倉庫業者に連絡をすれば、1 日くらいで出せるようになっていますね。

若手　そうすると、訴訟記録のファイルごと倉庫業者に送って、必要になったときに取り寄せるということですね。PDF データにはしていないのですか。

ベテラン　PDF データにはしていません。そのようにしようという提案は事務所内ではあるのですが、現在のところはそこまで進んでいません。

若手　そうすると、すごい量になりますよね。

ベテラン　すごい量になっています。

若手　ということは、判決正本は依頼者にお渡しせず、事務所で保管して

いるということですね。

ベテラン　過払金返還訴訟などは、共同訴訟の場合も多いから、原本は渡さず、コピーを依頼者に渡しています。

若手　和解書などはどうしていますか。

ベテラン　個別の和解書、和解契約書の原本は全部、返還していますね。裁判所の和解でも訴外和解でもすべて。

中堅　たとえば、債権者側で和解をしたけれども履行してくれず、「強制執行してください」などというときに、依頼者が「原本をなくしてしまいました」ということはないでしょうか。

若手　和解調書や判決謄本の発行は手間がかかりますから、そういう場合は、困りますよね。それでも、弁護士が保管している場合、紛失したら、弁護士の責任になるので、原本はお返ししてしまいますね。

中堅　判決正本の紛失のおそれなどを考えると、判決正本などは弁護士が保管しておきたいですね。被告側になっているときは依頼者に返すかもしれないです。ところで、何らかの事情で、「判決正本を返してください」と言う依頼者もいるのではないでしょうか。

ベテラン　そういうケースもあるでしょう。

中堅　私は、判決正本については、私が代理人として取得していますし、和解調書も私が代理人として受領していますから、代理人に所有権があると考えています。

ベテラン　ベテランの弁護士は全部返すという人が多い印象ですね。私も、原則、判決正本なども依頼者に渡しますね。ただ、判決正本などは、強制執行の段階があるから、弁護士が保管していたほうがよいケースなどは説明をして、依頼者の了承を得て、例外的に、私が保管しておきます。

若手　その方法がよいかもしれません。

ベテラン　そのようなケースでは、弁護士が保管しておいて、強制執行が終わっても、保管したままになっていることもあるかもしれませんね。調停離婚だと、離婚の事実等のみを記した調書の抄本を別途、家庭裁判所に

発行してもらって、それを依頼者に渡して、ご本人が調停離婚の届出を役所にしなければなりませんから、その抄本自体は依頼者に渡しますよね。

新人　これまでのみなさんの話からすると、判決正本を依頼者に交付しない場合もあると理解しました。

中堅　それはやっぱり強制執行のときなどに使うからでしょうね。

若手　依頼者から預かった契約書などの記録は当然お返しします。

ベテラン　それは私もそうですね。ただ、判決正本は、委任契約の成果物なので、依頼者に渡すべきようには感じますね。

新人　原本を保管しておくと、万が一の際、責任問題に発展しますよね。

中堅　そうですね。責任を負う可能性があるのは、正直怖いです。

ベテラン　私としても、判決正本は依頼者に渡したほうがいいと思っています。

若手　渡したほうがいいのは、コストの問題と、責任の問題の両方があるからですね。

中堅　債権回収業務を多くやっていれば、件数が多くなり、判決正本も多くなるのでしょうが、一般民事が中心となれば、それほど多くはならないようには思いますので、コストは考えなくてもいいのではないでしょうか。

ベテラン　そうでしょうか……。

中堅　1年分でもファイル1冊。

若手　ちなみに、そのファイルは、金庫などに入れるわけでもないのですか。

中堅　はい。普通にファイルに入れて、そのままキャビネットなどで保管しています。だから、たとえば、火事とかになったら燃えてしまうのでしょうが、それ以外は、紛失する心配はないように思われます。基本的に外に持ち出すことはないですから。記録とも別に綴じています。

4　控訴状・上告状の提出が間に合わないかもしれない

若手　消滅時効や控訴状・上告状の提出期限についてヒヤリハットがあれ

ばお聞かせください。

中堅　私、夜中の12時10分ぐらいに夜間窓口に控訴状を出しに行ったことがあります。控訴期限をオーバーしたのではありませんが、「5分程度の遅刻なんだから、前日の日付で受付印を押してください」と言ったら、「押せません」と言われて、厳密に運用されているなと思ったことがあります。「スタンプ、日付を変えちゃったからもう戻せません」と言われました。

ベテラン　それは、後でわかっちゃうことでしょう、きっと。

中堅　私の相手方の弁護士のケースで、昔の話ですが、控訴状を提出する先が、平成8年の民事訴訟法改正前は控訴裁判所だったけど、民事訴訟法が変わったときに原審に出すということになったでしょう。それを知らないで、最初は東京高等裁判所に出したようでした。それは間違っているわけで、その事件の原審は水戸地方裁判所日立支部だったのでそこまで持っていったらしいのですが、その持っていった時間が控訴期限日の深夜の12時に間に合ったのか、それとも12時を超えてしまったかで裁判所で審査された事件があったという記憶があります。その事件では確か期限までに受け付けたと認められました。

若手　夜間窓口を利用するにしても、何が起こるかわかりませんし、とにかく時間的な余裕をもって対応したいと思います。

5　答弁書・準備書面の提出が間に合わないかもしれない

若手　答弁書や準備書面が期日に間に合わない場合について議論させてください。

中堅　私は、別訴が提起された事案で、従前から係属していた事件に併合されていっしょに審理することになったときに、別訴に対する答弁書を出し忘れそうになったことがあります。

若手　準備書面についてはいかがですか。

中堅　相手方が準備書面を期日までに提出してこなかったことはよくあり

ますね。私は、どうしても提出するのが遅くなって、期日当日に準備書面を提出したことは 1 、 2 回はありますけれども、私が準備書面を提出するターンなのに何も出せずに、「すみません、次の期日までに提出します」と期日を完全に空転させたことはありません。

ベテラン　でも、仮に準備書面を提出しなかったとして、裁判所が怒るとしても、遅れて出すことに対する何かしらの制裁はありませんものね。

中堅　裁判所も「ああ、そうですか」みたいな感じできつく怒らないことが多いですが、内心は相当怒っているようですよ。私は、依頼者に不利になってはいけないので、絶対に期日は空転させないように気をつけています。

ベテラン　私も同じです。過去、 1 回だけ、事務局に準備書面の提出を指示していたところ、裁判所に行って、「陳述します」みたいなトーンで言ったら、裁判官から、「書面は？」と言われたことがあります。「えっ、届いていないんですか」ということになって、「事務所に戻って10分以内に送ります」と言って、その後、直ちに提出したということがありました。

若手　準備書面の陳述は次回期日に、ということですよね。

ベテラン　そうですね。陳述は次回ということになりました。裁判所にも届いていなかったので。

若手　期日の前に、「すみません、準備書面が間に合わないので期日を少し延長してください」というのは、代理人側から言えば認められるのでしょうか。

中堅　まあ、言ってみたところで、認められないでしょう。

ベテラン　準備書面が間に合わないからといって、期日を延長することはさすがに認めてくれないでしょう。私は、本人側の事情で期日を動かしたことは何度かあります。

新人　そのときの本人側の事情というのは何でしたか。

ベテラン　本人が海外に行ってる人で、打合せが全然実施できませんでした。この日に帰ってくることが確実なので、そのときは、「期日をこの日

以降にしてください」とのお願いを裁判所に事前に連絡して、電話である
程度の内諾をとったうえで、期日変更上申書の形で、裁判所と相手方に送
って……ということをしたことはあります。

中堅　中には、本当にわざとなのか、提出予定の準備書面を出さない代理
人がいるのですよね……。

ベテラン　そんなことしても、依頼者にも説明つかないし、ダメでしょう。
もっとも、そういう代理人は、依頼者にもそのようなことを説明しないの
でしょうが……。

6　訴状その他の書類の記載に不備が見つかるかもしれない

若手　訴状その他裁判書類の資料や記載に不備があった場合の対応につい
て議論させてください。住所に誤りがあった、添付書類が足りない、要件
事実の漏れがあった、印紙や郵券の不足などさまざまだと思います。

中堅　要件事実の漏れは、訴状審査の段階で裁判所から「補正してくださ
い」と指摘されることがほとんどです。

若手　訴状審査の段階で言われますよね。裁判所から、私も指摘された経
験があります。

中堅　裁判所は確認しますよね。それで「補正してください」と来ますよ
ね。私は、建物明渡請求の事案で、「賃借人に対して貸し渡した」まで書
くのを忘れてしまったことがありました。

ベテラン　代理人がいれば要件事実はわかってるからいいけれど、本人訴
訟の場合は裁判所も大変なのでしょうね。

中堅　本人が原告の本人訴訟の場合、この訴状は裁判所の審査でどうして
通ったのみたいなものがありますよね。

ベテラン　裁判所もできる範囲で補正を促しているとは思います。

若手　郵券は予納しますが、郵券が足りない、当事者が予納しないという
ときに、裁判所がその費用を負担すべき者から取り立てることになります。

中堅　相続人が10人以上いて、亡くなった被相続人といっしょに暮らして

いた原告が、「被相続人名義の預金の内、半分は私のものなんだ」というような主張をして、被告となる10人以上の相続人に対して訴えが提起されました。私は、被告の一人の代理人です。その他の相被告は、みなさん年配の人で、しかも、いろんな地域に散らばっていました。出頭しない人ももちろんいます。答弁書を出してきても出頭しない人もいます。裁判所は、出頭してきた人に対しても、「弁護士が付いてる人がいて結論もいっしょですから、もう出頭しなくてもいいですよ」というようなことを第1回期日に言うような裁判でした。

若手　苦労が察せられます。

中堅　尋問が行われることになり、陳述書を事前に提出したのですが、裁判所は、相被告に対しても手続保障の観点から陳述書を送らなければならないとしていますね。「だから、郵券を出してください」というわけですね、相被告の一人であるこちらに……。

若手　民事訴訟法や民事訴訟規則でそうなっていましたか。

中堅　「根拠条文は何ですか」と書記官に聞いたら、最初は、「それでは結構です」となりました。しかし、安心したら、次の日に「民事訴訟費用等に関する法律11条1項1号および同条2項に基づき……」というファクスが来たんです。

新人　それが根拠条文なのですか。

中堅　いや、私には、証人に対する費用や旅費は、その申立人が負担しなければならない、そういうことが書いてあるとしか読めないんです。

若手　それは正しいのでしょうか。

中堅　裁判所からの命令ということでした。条文を読んでも全然ぴんとこなくて、裁判所に納得できないと連絡したら、「裁判官の判断ですので、ここで郵券を予納いただけないと、被告（私の依頼者）に請求がいくことになりますよ」という説明を受けました。

若手　予納しましたか。

中堅　結局予納しました。揉めても仕方ないという思いで……。

ベテラン　「代理人のお気持ちもわかりますが、ここはぜひともご理解いただき納めてください」って言われれば、「ああ、そうかな」なんて思うかもしれないですけれどね。

中堅　裁判所から、「当然ですから」というふうに言われてしまうと、私も、「ちょっと待ってよ」となってしまいます。

ベテラン　裁判所と争ってもよいことはないでしょうが、思い出したこととして、裁判所が、原告と被告を間違えて送達したことがありまして、その送達の後、送達し直すための郵券を、「補正だから郵券を追加してください」と言われたことがあります。

中堅　さすがにそれは……。

ベテラン　「ミスはしたことは認めるが、根拠規定がないから裁判所からは出せない。郵券を追加してください」と言うから、このときは、私、東京地方裁判所の所長あてに、上申書ではなくて要望書を書きましたね。「さすがにこんなことでいいのか。法律がないならば、裁判所が自ら立法を促すような活動をしなさいよ」というふうに書いて要望書を出しました。そうしたら、秘書課長だったか総務課長だったかから電話があって、「今、一生懸命書記官の研修をやっています」とかいうことを言うのですが、「やった結果が、これではねえ……」と言いました。

若手　争うとしたら、どのように争うのでしょうか。

ベテラン　さらにそれで私が納得しなければ、国家賠償請求訴訟をやるという手があったかもしれません。私はやろうかとも思いましたが、依頼者がやらなくていいと言うので止めました。

7　家事審判の抗告理由書の提出が間に合わないかもしれない

若手　家事審判で、相手が即時抗告するだろうから、「こちらも即時抗告しておきますね」としておいて、抗告理由書は後で出すとしていたところ、結果として、抗告の理由なしとの棄却決定が出てしまったというケースがあるようです。抗告に、簡単な理由でも書いておけば、そのような事態に

ならなかったのだろうと思います。

中堅　抗告する際に理由を書かなくても抗告状の提出はできますが、その場合、抗告理由書の提出期限は、抗告状の提出から14日以内とされていますね（家事事件手続規則55条1項）。

若手　控訴の場合は控訴理由書の提出期限は控訴提起後、50日以内とされており（民事訴訟規則182条）、即時抗告の場合は控訴と同様の期間ではないので注意する必要がありますよね。

中堅　審判で気をつけるべきなのは、特別抗告・許可抗告をやる場合、これらは原決定の執行を停止する効力はないのですよね。だから執行もできてしまいますね。その点、依頼者にちゃんと説明しておく必要があります。

ベテラン　特別抗告は、憲法違反（民事訴訟法336条）、許可抗告は最高裁判例と相反する判断がある場合等（同法337条）に理由が限られていて、要件が厳しいので実質は二審制であるというところも依頼者に説明しておく必要がありますね。

Ⅲ　期　日

1　期日に体調不良で裁判所に行けないかもしれない

若手　当日、体調不良で裁判所に行けない場合の対応について議論させてください。何も手続を行わないとどのような事態になるのか。意識を失って裁判所に行けない可能性もないではありません。

中堅　私の経験ですが、相手方が出頭せず、期日が事実上流れたことがあります。たとえ期日に無断で出頭しなくても、直ちにどうなるかというわけではありません。

ベテラン　裁判所はさすがに慎重だと思います。

中堅　第1回の口頭弁論期日は別として、続行期日の場合は、連絡なく期日に出頭しなければ、とりあえず事務所に書記官が連絡するはずです。「事務所に連絡したのですが、ちょっと連絡つかないので……」というような感じになるでしょう。

ベテラン　これ、1回目の期日の場合は怖いですよね。その日に……。

若手　被告代理人として答弁書を先に出していればいいのでしょうが、期日当日に持っていく予定が、それこそ意識を失って出頭できなかった場合を考えると怖いです。

中堅　第1回期日に相手方代理人が出頭してなくて、答弁書は一応出ているけど、訴訟委任状の原本も提出されていないというケースがありました。答弁書、一応出ているけれど陳述できないということなので、私は、「それでは、今日で弁論終結して終わりにしてください」と言ったのですけれど（笑）。さすがに弁論終結にはなりませんでした。

ベテラン　それは高等裁判所に迷惑をかけてしまうから、弁論終結はしないでしょう、裁判官としても。

中堅　そういうことですね。

ベテラン　最近のことですが、弁護士が代理人で付いていて、その弁護士が期日に来なかったことがありますね。確か、あれは弁論準備期日で、こちらは東京地方裁判所に出頭して、相手方が横浜の弁護士だったので、電話会議をすることにして、「〇時に電話します」といういう話になっていましたが、裁判所が電話かけても全然出なくて、1時間くらい待ったのですけれど結局出なくて、期日が飛ばされました。

中堅　やはり、続行ということですよね。

ベテラン　はい、続行。相手方が裁判所に怒られたというだけですね。

若手　連絡なく期日に出頭しなくても、また、電話会議に応じなかったとしても、それだけですぐに終わることはないということですね。

ベテラン　ただし、その期日に何をするかという状況によっては、気をつけなければならないですよね。たとえば、裁判所としては、もう今日で弁論終結で、この後は判決だというやり方だってあり得ますから、期日に対応しないと、そういった対応をくらう可能性もあると思います。だから、次回期日を指定して、それで次回までにこれこれせよとか、そういうふうにせざるを得ないような訴訟の進行状況であればそうするのでしょうけれど、もう今日でおしまいだというときにすっぽかされた場合には、「それなら、結審だ」ということになる可能性はありますよね。

中堅　弁論終結するときというのは、裁判所としても、要はこれで審理が終わりだとなるので、かなり慎重になるのではないでしょうか。

ベテラン　それはそうでしょう。

中堅　昔、相手方の弁護士が逮捕されたという経験があります。そのときは、次の期日が入っていたので、とりあえず私が相手方本人に電話して、「そちらの代理人がそういう事情のようなんですけど、どうしますか」と訊いたら、「私は先生を信頼してるので、出るまで待ちたい」と言われたことがあります。私は、そのことを裁判所に報告して、「こちらとしても和解が進んでいた状況もあったので、少し待ちます」と対応したことがあります。

若手　とはいえ、いつ出てくるかわからないのは困りますね。

中堅　そのときは、それほど深刻な事件ではなかったと記憶しています。賭博か何かではなかったかと……。でも、今思えば、なぜ私が電話したのだろうなという思いがあります。相手方本人には、裁判所から電話をしてもらったほうがいいですよね。

ベテラン　そうかもしれませんね。

若手　意識を失って裁判所に行けない場合に備えた対応はあるでしょうか。裁判所に向かう途中に意識を失ってしまえば、裁判所にも事務所にも事前連絡ができないわけで、そうすると、倒れないようにするしかないのでしょうか（笑）。

中堅　私は、いつも遺言書を残しておかないといけないなと思うんですけど、みなさんは、自分が突然死んだ場合の対応などについて、何か事務員に言っていますか。

若手　言うとしたら、何と言うでしょうか。

中堅　私は、何かあったら、仲のいい友達の弁護士に電話するようには言ってはありますが、そのくらいです。

ベテラン　事務所に自分以外に弁護士が何人かいれば、それだけで対応のしようがありますよね。

中堅　はい。弁護士の一人事務所だと、そういうときのリスクがやっぱりあります。

ベテラン　高齢の弁護士だと事務員がいないところがありますよね。

中堅　健康に不安のある方も多いでしょうし、高齢か若いかに限らず何が起こるかわかりませんので、そうなるとヒヤリハットどころではないけれど、きちんと準備をしておく必要がありますね。

2　次回期日の調整がうまくいかないかもしれない

若手　次回期日の調整をする際、どうしても日程が入らないことがあります。

中堅　新型コロナウイルス感染症の蔓延以前の話ではありますが、私は、どこでも電話会議で期日に対応するという意識で、電話会議を前提とする期日を入れてもらったという経験があります。

若手　新型コロナウイルス感染症の影響で、すでに期日において電話会議やウェブ会議等が活用されていますので、裁判所への出頭を要しないのであれば、期日の設定もより柔軟に対応できそうですね。

ベテラン　裁判手続の IT 化の導入が議論されていますが、いずれにしろ、利便性が高まることはありがたいことです。

若手　私の場合、どうしても日程が入らず、ダブルブッキングに近い時間設定で、那覇地方裁判所にいながら、長崎地方裁判所の事件を携帯電話で対応したことがあります。もちろん、新型コロナウイルス感染症の前の話です。

中堅　そのケースとは違いますが、私のケースでは、福岡地方裁判所に係属している事件で相代理人がいて、その人は大阪で、私は東京なのですけれど、電話会議の方式で別々のところで 2 人で対応したことがあります。

若手　2 人とも電話会議でということですか。

中堅　はい。大阪の相代理人も私も福岡地方裁判所には行かずに、電話会議で対応したということです。

ベテラン　それは弁論準備手続期日でしたか。原告と被告の双方のいずれも出席できなかったときに、進行協議期日ということで、双方電話会議で対応したことがあります。この双方電話会議をウェブ会議に置き換えたものが、今のウェブ会議における書面による準備手続期日というわけですね。

中堅　私のケースは、原告は代理人が裁判所に出頭し、被告の代理人の 1 人である私は東京で、もう 1 人の相代理人は大阪でした。原告代理人は出頭していて、被告代理人が電話会議で対応する場合、何人まで対応できるか確認したところ、「2 人までできます」ということでした。

若手　「2 人までできます」というのは、法律上の制限ではなく、電話会議のシステムの関係の限界のようですね。

ベテラン　そういうことなのでしょう。そのような制限を定める規則はありませんね。

中堅　両当事者、原告・被告が双方とも裁判所に出頭できない場合に、進行協議期日として、電話会議の方式で期日を進めてもらうことは以前からありましたよね。それを発展させたのが今のウェブ会議ともいえるでしょう。

ベテラン　交通機関が止まり、急遽、電話会議をしたという経験もあります。

若手　交通機関が止まればやむを得ないですものね。双方が裁判所に出頭できないときに期日を取り消すのがよいかというと、双方電話会議でも実施したほうがよいといえますよね。

ベテラン　ウェブ会議や電話会議の方式は便利ですが、裁判所の心証、裁判官の心証を感じるという意味では、裁判所に出頭したほうがいいという思いはあります。

中堅　心証を感じるという話とは関係ないかもしれませんが、本来、電話会議の前後とかに裁判官といろいろ話をしてはいけないはずですよね。でも、裁判官によってはそこが緩い人がいるじゃないですか。

ベテラン　そうそう、いますよ。

中堅　私の経験ですが、私が出頭して、相手方が電話会議だったのですが、その電話会議が終わった後で、裁判官から、「正直な話、和解できないでしょうか」と言われたことがあります。「オフレコでこんな話していいのかな」と思いながらも、私も、ここぞとばかりにいろいろ言いました。

若手　自分が電話会議の立場だとして、出頭している相手方の代理人が弁護士と話をしていたらと思うと、なんとも言えない気持ちです。

中堅　裁判官によって緩い場合もあるので。だから、できる限り裁判所に出頭したいという思いがあります。

若手　最近終わった事件なのですけれども、東京地方裁判所の係属事件で、相手側もその代理人も大阪でしたが、相手方の代理人は、最初の期日から

　1 回も来ないで、ずっと電話会議による期日が行われ、証人調べのとき初めて会いました。

ベテラン　私は、むしろ、期日に 1 回も行かずに電話で和解が成立して終わったことが何度もあります。

若手　何度もですか。

ベテラン　あります。交通事故をめぐる損害賠償請求事件や簡易裁判所に係属した事件などで多いですね。いずれにしろ、期日の設定や電話での和解だけに限らず、裁判手続の IT 化により、訴訟手続が大きく変わることになるでしょう。

若手　はい。裁判手続の IT 化についてもしっかりと理解し、活用していきたいと思っています。

Ⅳ　和　解

1　和解条項に抜けがあるかもしれない

若手　会社側の代理人として労働審判に参加し、調停成立となり、裁判所が読み上げる調停条項をメモして依頼者に説明したうえで調停を成立させたところ、守秘義務条項が抜けていることが判明したというケースがあるようですね。

新人　こういう場合には、どうなるのでしょうか。

若手　相手方代理人が了承してくれたので、裁判所に連絡して守秘義務条項を入れた和解ができたということのようです。

中堅　相手方代理人が応じてくれなかったら、アウトでしたね。

若手　期日における読み上げの際に、メモをとっていて、後でメモを読み返してみたら、守秘義務条項がなかったということに気づいたということです。

ベテラン　それは、元々事前の条項案には入っていたということでしょうか。

若手　事前の調停条項案には入っていたようです。ただ読み上げた際には入っていなかったようです。読み上げられた条項をメモすることの重要性がわかりますね。

中堅　先に自分が条項をつくって裁判所に送っておけば回避できる話ではないでしょうか。

若手　それが一番ですね。自分がつくれば自分に有利な条項提案がまずできるわけで、そこで守秘義務や清算条項が抜け落ちることはおそらくないでしょう。

中堅　若干違いますが、建物明渡請求訴訟の事案で、私は賃貸人側の代理人でした。立退料を6000万円として、1カ月の賃料が100万円を前提に、

　1年間フリーレンタルということでこれを1200万円相当分とし、4800万円は現金で支払いますという内容で和解が成立しました。でも、賃貸借契約書を見たら、賃料に別途8％（当時）と書いてあり、消費税も考慮しなければいけなかったのですが、後に気づいてそのままになってしまったということがありました。

ベテラン　つい最近のことですか。

中堅　はい。和解の際には消費税の扱いをどうするのかについても確認が必要ですね。

若手　執行できない和解条項で和解しても、当然執行できないんですよね。

中堅　できません。執行できるかどうかをちゃんと意識して和解条項を作成することが必要ですね。

新人　執行できない場合、もう一回裁判するということですか。

中堅　二重起訴が禁止されていることから問題が生じる可能性がありますね。

若手　ほかにも、確認条項しかなくて支払条項がない場合は執行できませんよね。登記手続請求の場合は、表記の誤りで登記ができないこともあっ

必要な条項が抜けています！

たりして、和解条項の最終確認はとても重要ですよね。

中堅　たとえば、１回で支払うという予定で和解条項に遅延損害金を入れ
ないというものが時々あります。実体法上は遅延損害金が発生するのだけ
れども、遅延損害金相当分も執行対象にしたいのであれば、和解条項に過
怠約款をやはり付けておく必要があります。過怠約款がないと、実体法上
遅延損害金の権利が発生しても、遅延損害金については和解条項に基づく
執行ができません。

若手　過怠約款を拒否する相手方もいますよね。「それ、付けるんですか」
というふうに……。

ベテラン　そうそう。

若手　和解成立のその日に過怠約款の話をしたときに、「そのせいで今日の
和解成立をつぶすのですか」というような話になって、「では、どうしよ
うか」ということになりますよね。

ベテラン　相手方の弁護士が、「依頼者から現状案で了承を得ているので、
再度確認したい」と言って、和解期日が延期になる可能性もありますね。

中堅　あとは、和解条項に関連することでいえば、離婚に伴う年金分割に
関する和解条項なり調停条項の中で、年金については50対50の割合で分割
するというのを入れていても、その後は何も手続をしないと２年で請求期
限がきてしまうというのがありますね。年金事務所で２年以内に手続をす
る必要があることには注意が必要です。

若手　依頼者にしっかりと情報を提供しないと責任を追及されかねません。

中堅　そのほかに、和解調書の作成の際には税金について問題になること
がありますね。労働事件で和解する際、時間外手当を請求していたのです
が、「税金が違うから退職一時金として支払うということにしてくれない
か」という話になりました。裁判所は、「当事者間で話し合い、支払うべ
き税金は支払ってください」というスタンスでした。当然のことながら、
税金についても意識して和解調書を作成する必要がありますね。

若手　あとは、離婚訴訟では、財産分与なのか慰謝料なのかという名目が

問題になりますね。

中堅　財産分与については、不動産だと譲渡所得税がかかる場合がありますね。

2　和解条項に記載ミスがあるかもしれない

新人　和解条項を作成する際に、当事者が取得すべき財産を逆に記載してしまい、それに気づかないまま和解してしまったというケースがあるようです。事務局による書類作成上のミスが原因だったところ、取得財産の差額を弁護士が支払うことでお詫びする形になったとのこと。弁護士報酬から相殺したようです。

ベテラン　取得財産を間違えるのは、当然ながら危険ですので、和解条項は弁護士が作成し、しっかり確認するようにしましょう。

中堅　これが判決であれば、錯誤無効にできそうですけどね。

若手　明らかに誤記なら、更正という話になりますね。

3　和解条項確認時に依頼者と連絡がとれないかもしれない

若手　和解期日に代理人のみが参加し、依頼者には連絡をとれるようにしておいてほしいと伝えておいたところ、守秘義務条項の文言が多少修正されることになったが、依頼者が電話に出てくれず、やむを得ず和解を成立させたというケースがあるようです。なお、この事案では、その後依頼者と連絡がとれて、そのときは入浴中だったため電話に出られなかったとのことだったようで、特にクレームもなく事なきを得たようです。

中堅　和解期日にちょっとした修正があって、「この点は、事前に本人に確認してなかったな、どうしよう」ということはあり得ますね。

ベテラン　依頼者にも和解成立予定の期日に同席してもらうのが一番確実ですね。

中堅　一番確実ではありますが、例外はありませんか。

若手　仮に依頼者を連れてくることができずに、期日当日に修正が入り、

にもかかわらず依頼者と連絡がと取れなかったら、どうしますか。

ベテラン　金額の変更だったら、その日に和解はしませんよね。

中堅　「先生にお任せします」とか言われちゃうと、必ず同席してください
とは言いづらくなりますよね。「全部お任せしたから、いいじゃないです
か」と言われると困りますね。

若手　和解条項を作成して、和解期日の直前に相手方が少し修正を入れて
きた場合どうしますか。たとえば、支払期限が１カ月先だったのが、向こ
うの資金調達の都合で、「２カ月にしてくれ」と言われときにどうするか
……。

中堅　正直、悩むところです。

ベテラン　依頼者にとって支払期限は重要ですから、支払期限の変更であ
れば依頼者の意思が確認できなければ和解しません。

Ⅴ　事件終了後

1　被害者に会わないという約束を守らないときに

ベテラン　事件終了後、どこまで関与すべきかは一つの問題ですよね。

中堅　はい。事件終了後は本人と関与しないほうがいいと思います。まして や、事件終了後に私のアドバイスに従ってくれなければ、その瞬間に関 与を止めます。

若手　たとえば、刑事事件において被疑者国選弁護などのケースでは、本 人がどんな人物であるかを深く知らないうちに被疑者の釈放などで国選弁 護活動が終わるということがありますよね。

中堅　そういうケースであれば、「もう私は弁護人ではありません」などと 伝えて、その後は関与しないほうがよいのではありませんか。私だったら そうします。

若手　第 1 章Ⅲ12⑵で紹介した事案ですが、奥さんを殴って逮捕された被 疑者である夫の国選弁護事件で、釈放された途端に接触を禁止された奥さ んに会いに行ってしまったり、弁護人である私の実名を SNS に投稿した りと……。被疑者の釈放により国選弁護活動が終わっているとはいえ、 SNS への投稿に関しては、私が弁護人のときに誓約書を提出しているの で、道義的責任があるのではないかというか……。

中堅　そこははっきりさせないといけないのではないでしょうか。私だっ たら、「申し訳ないけど、もう弁護人ではありませんから」とはっきりと 言いますよ。

若手　経緯として、私は、被害者である奥さんと示談をして、その日のう ちに勾留取消請求をしようと考えていました。奥さんと会ったら、示談の 見込みがすごく高まり、そのときは週明けにも示談書を送り返してくれる という話でした。ですから、示談成立の見込みであると書いて、勾留延長

却下の意見書を提出しました。奥さんに会えて話ができたその日の夜に、本人に会わずに勾留延長却下の意見書を提出したのです。結果として意見書が功を奏し、本人は釈放になりました。つまり、示談がまだ成立していませんでしたが、成立する見込みが高いということで裁判所も勾留延長を却下したということになります。本来であれば、私の国選弁護人としての仕事は被疑者が釈放になって、示談を成立させて終わりだったはずなのですけれど、本人は釈放された後、奥さんの自宅へ行ったりしたため、示談の話も錯綜しました。

新人 被疑者国選弁護人は、釈放されたら選任の効力を失いますよね。

若手 そうですが、勾留中に示談を進めていたら、釈放後も示談までは行うという弁護士も多いと思います。示談を成立させるところまではやろうという思いだったのですが、やぶへびだったかもしれません。

中堅 弁護士としてのリスクとしては、この場合は被疑者が釈放された後、弁護人が止めていたのにもかかわらず被害者と会ったことで示談が不成立になる可能性があったということですね。被疑者が釈放されて、弁護人に無断で被害者に会いに行った後に、再び暴行が起きたときに、弁護士に何か責任を問われる可能性があるかということですよね。

若手 そうですね。実際これで被疑者が被害者に再び暴行を加えていたら、私も責任を問われるのかなとすごく不安になりました。

ベテラン そうはならないんじゃない、24時間監視態勢を敷けるわけじゃないし。

新人 示談についても、あくまでも「見込み」って書いてるだけですよね。

中堅 でも、被疑者釈放により国選業務が終了したからと言われて、弁護士が関与しなくなったほうが、責任をとらせにくくないですか。

若手 そのようなものでしょうか。

ベテラン はたして、「被疑者国選で釈放されたので、私の業務はここまでです。後のことは知りません」と言ってよいのかどうかですね。

若手 そうですね。そこまで言えるのかどうか。大体釈放されれば、もう

不起訴になるのを待つだけということが基本は多いので、「弁護人として、ほかに何かやるわけでもないし……」ということがほとんどです。

中堅　不起訴を決めるところまでは、やらなければいけないのかな。

若手　何かうっすら続いてる感じですよね。

中堅　刑事事件ではありませんが、「もうやりません、会いに行きません」と調停で約束して、破る人はいますよね。

若手　いますね。

新人　離婚事件ではよくありそうですね。

中堅　そのような場合、相手方の代理人は、謝りつつも、「何度も言ってるのですが、私だって 1 日24時間すべてはお約束できませんから」というような感じですよね。「ちゃんと言っておきます」と言われます。

ベテラン　代理人としてもそれしか言えないのでしょう。

新人　でも「本人が言うこと聞きませんでした」ということで、弁護士自身は大丈夫なのでしょうか。何かリスクはありますか。

中堅　私としては、そのことにより弁護士に責任があるかというと、基本的には責任はないと思っています。

新人　基本的には責任はないと思ってよいでしょうか。

中堅　やはり、24時間態勢で管理できるわけではないからね。

若手　弁護士のリスク管理としては、してはいけないことをしてはいけないと止めている証拠を残すことも必要かもしれません。内容証明などで、「○○はやめてください」というふうに……。

ベテラン　自分の依頼者に内容証明ですか（笑）。

若手　内容証明じゃないですけど、誓約書などを……。

中堅　文書等で残しておいたほうがいいかもしれませんね。メールでも構わないので。「お約束したんだから、守ってくださいね」というふうに。紹介された事案でいうと、「奥さんとの約束に違反したことが、後々刑事処分にも影響する」ということも伝えたほうがよいですね。

若手　そうですね。そういう感じで……。

中堅　そういうときには「依頼者のため」という理由を書いたらよいのではないでしょうか。依頼者と意見が食い違うとき、「あなたは誰の代理人だ」というようなことを言う依頼者がいますよね。

新人　いますね。

ベテラン　依頼者との間で方針に食い違いが生じる場合は、代理人を辞めるしかないですよね。

中堅　辞めたくても辞められない状況でどうするかは悩みますね。

若手　配達証明くらいで、緩く進めるとか……。

中堅　弁護士にとって、どう辞めるかというのは一つのすごいイシューだと思います。つい最近ですが、依頼者との間で、合意解約書を締結して、すごくうまく辞められたという事案がありました。

2　分割返済の約束を守らないときに

ベテラン　刑事事件ではありませんが、相手方の代理人が偉いなと感じたことがあります。その事件は、あるお店の店長さんが横領したという事案でした。こちらは会社側で、横領したお金を返済してくれればいいですよという示談をして、結果として分割して支払う約束をしました。月々3〜4万円というものです。ところが、2カ月後くらいから支払ってこなくなったんです。

新人　受任した事件自体は終結しているのですね。

ベテラン　はい。受任事件自体は終結しているはずですが、一応、相手方の代理人には伝えました。そうしたら、「わかりました。伝えます」と言っていました。その後、支払いは再開するんですが、またしばらくすると止まるので相手方の代理人に伝えると、またしばらくすると支払ってもらえる、止まる、また相手方の代理人に伝えるの繰り返しでした。

中堅　督促の積み重ねですね……。

ベテラン　相手方の代理人が対応してくれるからこそ、その代理人に督促をするわけです。メールでその代理人とやりとりしていたのですが、「先

生、申し訳ないので、もし先生が辞任するということであれば、もうこちらから直接言いますから」と言っても、「わかりました。私から言っておきます」と、その代理人が言うわけです。ほかの件でも別の代理人ですが、同じような事案があります。

中堅　そのような事案もありますよね。

新人　代理人はどこまで関与すべきでしょうか。

若手　それはだって、もう辞めましたとは言えませんよ。

ベテラン　言えませんか……。

3　事件後に依頼者が音信不通になったときに

中堅　私は離婚事件で調停が終わったときに困りました。夫の側の代理人でした。調停中、私は代理人だから通知を出すわけですね。「私は、あなたの離婚問題を今、全部受任しているから、私の依頼者（夫）と直接連絡しないでください」と通知を出しました。当然、私は離婚調停を受任しているというつもりですし、委任状もそれしか作成していません。でも、調停が終わってから、相手方である奥さんから、「あのとき、夫への連絡はあなたを通じてしろと言われたから、私はがまんしていたのよ」という苦情が来ました。どういう用件かと思ったら、要するに、その後、多額の借金があることが判明して、大変だと言われました。借金があるなら離婚してあげればいいじゃないかと思いましたが、それはともかく……。

ベテラン　何かあったんですか。

中堅　婚姻費用の減額に対する報酬金が結構な額となり、それを請求しましたが、依頼者と連絡をとれなくなってしまいました。多額の借金はともかく、私は報酬をいただいていません。

ベテラン　依頼者と音信不通になってしまったということですね。

中堅　それで、「私も今は被害者です」と奥さんに言いたい気持ちを当然押さえて、「私の仕事は事件単位ですから、離婚調停だけで終わっているのですよ」と伝えたら、「そんなこと言われても一般人にはわからないでし

ょう」と返されました。「申し訳ありません。今、申し上げましたから」
と言ったら、「書面でください」と食い下がってこられたので、「いや、今、
申し上げましたから」と繰り返しました。

ベテラン　「後は本人と直接連絡をとってください」と言うしかありません
ね。

中堅　もはや本人とどんどん連絡をとっていただいて結構ですということ
です。

ベテラン　一般の方は、いきなり内容証明で、「代理人としか話さないよう
に」と言われても、わからないでしょうね。そして、それがいつまで続く
のかというのもわからないと思います。

中堅　そうですね。

新人　でも、委任事務が終了したときに、相手方に、「委任事務は終了しま
した」と報告する習慣はありませんよね。

ベテラン　はい。それはしないですよね。

若手　それはしません。

ベテラン　でも相手方としては、弁護士から、「代理人としか話さないよう
に」と言われたら、それに従うという感覚もわかるところです。

中堅　紹介した事案ですが、「先生は借金のことは知らなかったんですか」
などと、いろいろと聞かれました。「調停の記録をご覧ください」と説明
しました。でも、その人は何回も何回も電話をしてきて、「事件が終わっ
てることを書面でください」と言われました。私は、業務終了通知書をお
送りしました。

新人　辞めましたという弁護士と、辞任した後も業務を継続する弁護士と
がいるようですね。

若手　でも、依頼者が行方不明でなければ、業務を続ける場合のほうが多
いのではないでしょうか。事案にもよりますが、依頼者にちゃんと連絡が
つくのであれば、「お金の返済を忘れてるんじゃないの」などと連絡をす
ると思います。

中堅　弁護士としては、「このまま支払わないと執行される可能性がありますよ」など、依頼者の利益のほうの視点で伝えるということでしょうね。

ベテラン　そうですよね。普通の弁護士だと、そういうことをどこまでアフターフォローするのか、時々考えることがあります。

中堅　でも、実際に「伝えてください」と言われれば、お伝えはするでしょう。

ベテラン　そのようなものですかね。先ほどの相手方の先生ですけど、2年間ずっとそれをやってくれて……。

中堅　連絡してくれるのですね。

ベテラン　その先生も、結局その人からお金もらってないんです。

中堅　お金をもらわずに、それなのに、つないであげるわけでしょう。

若手　ポリシーとして行うなら納得できるのですが、委任関係としてはもう終了しているから、「直接ご連絡をどうぞ」と言ってもいい気がします。

ベテラン　弁護士の倫理じゃないですけど、弁護士魂としてはどうなのかなって……。

中堅　今回は言うけど、次回からは直接お願いしますくらいがいいのかもしれないですね。

若手　それがスマートだと思いますね。

Ⅵ　裁判官・書記官との関係

1　裁判官・書記官にミス（誤解）があったときに

⑴　判決理由の誤記

中堅　交通事故の損害賠償事件で判決理由中に間違いがあったことがあります。それで理由中の誤記として更正されました。そこを直されると、主文の金額が変わる場合だったのです。判決確定後に更正されました。理由の計算ミスなのです。理由に書いてあるとおりの計算をすると主文がもっと多くなる、ということでまさに違算なんです。

若手　違算事件ですか。

中堅　はい。違算ということで更正決定が出されて、私の依頼者が烈火のごとく怒って、更正決定に反論しようということで不服申立てをしたところで、相手方に少しまけてもらうような中身で解決したことがあります。

新人　和解したのですか？

中堅　はい。判決の後に和解というのもおかしいのですが、合意をしました。

若手　それは、相手方が譲歩したのですか？

中堅　裁判官がそういうミスをした判決をして当事者に迷惑をかけているということがあるので、裁判所のほうとしても、相手方に対して何とかしてください、と……。

若手　どのくらい違ったのですか。

中堅　何百万単位で違いました。更正決定によって、判決理由中のこの計算方法からすると、明らかに計算が間違っている、だから主文が間違っている、ということで……。でも、そんなことを言われても、この金額だからしょうがないよね、ということを依頼者と話していたのに、説得のしようがありませんでした。

121

(2)　和解条項の追加漏れ

中堅　成立した和解条項に、私が足したはずの条項を裁判所が記載するのを忘れていたことがあります。裁判所からもらっていた案に、「これを足してください」といって、何行か付け足したものを提示して、成立の際の期日で、その足した文案のコピーまでとったうえで、裁判官がそれを使って和解条項を読み上げていたのですが……。

新人　読み合わせはしたのですか。

中堅　しました。読み合わせのときには入っていたのに、調書をつくるときに忘れられていたのです。受け取った後、「あっ！」と思って裁判所に電話して更正をお願いしたら、書記官から「相手の弁護士が承諾するなら更正します」と言われてしまいました。ところが、相手の弁護士に連絡したら、意地悪して「覚えてない」と言われてしまいました。書記官も、確かに私の字で付け足した条項案のコピーがあると認めているのに、裁判官も雑事に紛れてよく覚えてないと言って、結局、直してもらえませんでした。

新人　責任は書記官と裁判官のどちらにあるのでしょうか。作成は書記官ですよね。

若手　でも裁判官も判子を押しますよ。

ベテラン　両方にあると思います。でも和解条項の最終版は見せてもらえないから防ぎようがないですよね。

新人　それで問題は起きなかったのですか。

中堅　その事案では、相手方から債務が実際に履行されたので問題は起きませんでした。

若手　一歩間違えていたらと思うと、怖いですね。

中堅　私としては、「約束しましたよ」っていうことを何か記録に残したかったので、入れてもらったのですが。揉めているうちに履行されたので、まあいいかという感じになりました。

ベテラン　釈然としないですね。

中堅　相手の代理人がひどいと思いました。

若手　裁判所もひどいですね。

中堅　でも裁判官は相手方が承諾すれば更正すると言っていました。

若手　裁判官が相手の代理人に電話をかけて説得してくれたりはしなかったのですか。

中堅　それはありませんでした。相手の代理人は、「ちょっと時間が経っちゃったから、覚えていない」みたいに言っていましたね。

2　裁判官と弁護士（代理人）に何らかの私的関係があるとわかったときに

若手　裁判官と弁護士の私的関係について、意見交換させてください。

中堅　裁判官が同期であるとか、大学で一緒だったというケースは、よくとはいえないまでも、年に１、２回くらいはあります。お互いにやりにくいですね。恥ずかしいというのもある。

新人　依頼者から、「裁判官と仲がいいなら、うまくやってくださいよ」というようなことを言われた経験はありますか。

中堅　私は、言われたことはありません。裁判官との関係について依頼者にあえて話すようなことはしません。

ベテラン　同期だとか大学で一緒だったといっても、仲のいい人もいるし、単なる顔見知り程度の仲というのもありますよね。

若手　依頼者の視点からすると、たとえば、当事者が東京大学出身の某大企業の社長で、担当する裁判官が東京大学出身で同級生である場合に公平な裁判を受けられるか不安になるということもあるかもしれません。

ベテラン　裁判官は、そんなことで不公平な裁判なんてしないですよ。

中堅　弁護士から裁判官に任官した裁判官がいたとして、その裁判官が同じ事務所だった弁護士が代理人を務める事件を担当することがわかった場合は、私は、忌避を申し立てるかもしれません。

ベテラン　裁判官と相手方代理人との関係なのか、それとも裁判官と自分

との関係なのか、いろんな可能性があり一概には言えないけれど、極端な
ケースはともかく、日本の裁判官は信用してよいと思っていいのではない
でしょうか。

中堅　ただ、極端なケースにあたるかもしれませんが、裁判官の事件で、
東京地方裁判所民事第20部の裁判官がゴルフクラブセットや背広を受け取
ったり、無料のゴルフをしたりしたという事件がありましたよね。

ベテラン　ありましたね。受け取った裁判官は弾劾罷免され、贈ったほう
の弁護士は懲戒で除名になったものですね。

中堅　そうです。裁判官も非常に気をつけていますが、過去にないことも
なかったと……。

若手　地理的な影響があるかもしれませんが、たとえば、法曹三者間で合
同親睦会とか野球大会などが開催されているというような話を聞くと、そ
の地域以外の者からすると、「馴れ合いはないのか？」というような不安
はあるかもしれません。

ベテラン　私たち弁護士として、少なくとも、裁判官との関係を疑われる
ような振る舞いには気をつけなければなりませんね。

Ⅶ　法務局における手続

1　不動産の所有権移転登記請求の「請求の趣旨」に誤りが あるかもしれない

若手　「民事訴訟と法務局」というテーマで議論させてください。民事裁判 では「法務局に気をつけろ」とよく言われます。たとえば、不動産の所有 権争いの訴訟において、判決を取っても、結局、判決をもって登記を移転 させることができなければ意味がありません。

中堅　そうですね。だから、「請求の趣旨」は慎重に検討します。書籍や文 献で判決主文をどうすべきかしっかりと確認して請求の趣旨を書くという のが常識です。

新人　書籍や文献に適例がない場合はどうしたらよいでしょうか。

中堅　その場合は、自分で判決主文を考えて、法務局に「これで登記移転 ができますか」と確認してから請求の趣旨を訴状に書くというのが常識だ と思います。私も2回ぐらいそういう経験があります。そうしないと、 「訴訟には勝ちましたが登記は移りません」となり、話になりません。

若手　法務局であらかじめ確認することが大事ですね。

ベテラン　そのとおりです。

2　供託金の還付請求の「被告の表示」に誤りがあるかもし れない

中堅　「法務局には気をつけろ」との関係ですが、供託金の関係の話をさせ てください。供託金の還付請求をする場合に、当然、還付を受ける権利を 有することを証する書面が必要となり、通常は、確定判決や和解調書等で 供託金の還付を受けるというのが一般的です。

若手　そうだと理解しています。

125

中堅　これは実際に私が担当した事案なのですが、弁護士になって5〜6年目くらいに某支部の破産管財人をやっていました。私は、その支部で弁護士2年目から破産管財人をやっていまして、弁護士5〜6年目くらいで普通規模の破産管財事件を担当しました。破産管財人報酬が何百万円という事件をこなしたこともあり、慢心が起きていたのかもしれません。なお、この事案は2005年1月の新破産法施行前の話です。

新人　弁護士5〜6年目で何百万円の破産管財人報酬というのは、今ではごく稀だと思います。

中堅　破産会社の代表取締役が白紙委任状を濫発していまして、破産直前に債権が譲渡されていたというケースがありました。よく「二重譲渡」という言い方をします。

若手　譲渡先が二つなので二重譲渡というわけですね。

中堅　そのケースは、「二十」譲渡、つまり20カ所ぐらいに譲渡しているような案件でした。実際には15カ所でした。債権者不確知として供託されていますので、供託金について破産管財人として還付を受けるために、15名を被告として否認の訴えを提起することになりました。

新人　どのくらいの金額だったのですか。

中堅　大体3本の債権で1000万円を超えていたのですが、簡略化して1本600万円の債権があるとして相手方15名に債権譲渡されたケースであるとします。

若手　どのように対処したのでしょうか。

中堅　600万円の売掛債権を15名に債権譲渡されている。破産管財人としてそれを取り戻すのにどうするかというと、一般的な進め方としては、事前に交渉をして、交渉が成立しない相手に対しては訴訟を提起するのでしょうが、先輩弁護士に相談したら、「手間がかかるから、初めから訴訟を起こしてみたらどうだろう。そうすると半分以上は訴訟に出てこないだろうから、判決をもらえばいい。訴訟に出てきたところとは、和解を成立させればいい」というふうに教えていただきましたので、私はその方法で進め

ようということで、最初から訴訟を提起しました。

若手　破産管財人が訴訟を提起する場合、裁判所の許可が必要ですよね。

中堅　そのとおりです。破産管財人が訴訟を提起するには破産裁判所の許可が必要ですから、訴状案を書いて許可を得ないといけません。しっかりとした訴状案を書いて、裁判所の許可を得て、訴状を出しました。

若手　15名の被告は出席しましたか。

中堅　第１回口頭弁論期日で、被告15名のうち、11名が欠席、４名が出てきました。その４名は、訴訟代理人が付いていませんでした。

新人　それからどうなりましたか。

中堅　被告11名は判決となり、出席した被告４名とは和解をしました。和解金は「10万円でしょう」ということで強硬に10万円を主張して、１件あたり10万円×被告４名で和解になりました。しめて40万円。この後、供託金の還付の関係で大問題が起きました。被告11名に対しては判決が出ました。残りの被告４名は和解調書になります。それをもって600万円の供託金の還付請求を行うというところで、ちょうど夏休みになったので、後は秘書に任せて、１週間ぐらいの休みをめずらしく取って、グアムへ行ってゴルフをやっていました。

若手　でも、トラブルが発生したわけですね。

中堅　はい。１週間後に戻ってきたら秘書が泣いていまして、「供託金が戻ってこない」ということでした。「和解調書と判決書を持って行ったけれども、600万円還付できない」と言うのです。

新人　どういうことでしょうか。

中堅　もう次の債権者集会期日は決まっていまして、そこで破産財団にお金を入れて、配当もやらなきゃいけないですね。全部予定が組んであるので。時間的余裕もないし。大体、裁判に勝って供託金を還付できないとは何事か、ということで大問題になりました。ここがヒヤリです。

新人　どうして還付されなかったのでしょうか。

中堅　原因は何かといいますと、法務局に行ったら、供託通知書に記載さ

れている被告の住所と判決書に記載されている被告の住所が一致していない、同一性がないということでした。供託通知書には住所が「○○丁目○○番地○○号○○ビル５階」と書かれていました。商業登記簿上は、「○○ビル５階」は入っていません。そこだけの違いなのです。ビル名が入っているか入っていないかだけです。実は、訴状を書くときの被告の住所表示は供託通知書と同じ表記にしていました。

若手　なるほど。

中堅　ところが、秘書が裁判所に行ったら、「裁判所は訴状をもちろんみているけど、被告は商業登記簿上の住所で表示するんだ。だから裁判所は間違っていない。供託金が還付されないのは裁判所のせいじゃない」といってすごく怒られたらしいのです。

若手　どのように対応したのですか。

中堅　まず書記官に相談しようと思いまして、すぐ裁判所に行きました。その担当書記官とは面識があるので、「秘書が失礼なことをいったみたいで申し訳ありません」と丁寧に謝って、「いろいろ教えていただきたい」と言いながら、判決の更正決定を受けるということになりました。

若手　更正決定、ですね。

中堅　判決に書き誤りとか計算間違いがあった場合は、判決の更正ができます。判決を更正決定で直してもらえれば、表示の違いはなくなります。更正決定は、職権または申立てによりなされるのですが、これはもう私の過失なので申立書を出すことにしました。

若手　私は、更正決定の申立ての経験はまだありません。

中堅　私も知識しかなくて、書記官に、「どうやって書きましょうか」などと聞いて全部教えてもらいました（笑）。書記官がいうとおりに書いて、それで更正決定を受けて、そして秘書が法務局にそれをもって行ったら無事に供託金が還付されました。

若手　よかったですね。

中堅　結局、更正決定の申立書にこういうふうに書いてくださいと言われ

て書いたのですけど、被告の住所として商業登記簿上の表示と供託通知書上の表示の二つを書いておけばよかったのですね。訴状の段階でそうしておけばよかったわけです。

ベテラン　それを書かなかったのですね。

中堅　訴状の段階で一つだけじゃなくて両方書くべきだった。法務局は、とにかく一字一句でも違うと駄目なんですね。たとえば、この前、マンション名が「オート○○」というものでその「オート」の線が抜けていたために、還付できなかったという話を聞いたことがあります。そういうのも駄目です。お金が絡んでいるから特に厳格です。

若手　そういうことは裁判官や書記官がわかりそうな気もしますが。供託金の還付を受けるための訴訟をやっているわけだから、こことここが違ったら……と。

中堅　まあ私のミスですね、はっきり言えば。「法務局に気をつけろ」と言われていながら、登記の面は意識していたんですけど、供託のときにはその注意事項を忘れていたのですね。訴状に書くべき住所は通知書記載の住所なのですね、法務局は。だから二つを併記すればよかったということです。

ベテラン　書籍や文献にはそこまでのアドバイスはないかもしれません。

中堅　そうです。結局それで書記官に謝って、「すみません、勉強させてください」と相談し、書き方も教えてくれて、もうその日に更正決定を出してくれました。

若手　間に合ったのですね。

中堅　間に合いました。それで翌日に法務局に行って対応しました。なお、実はこれ、もう一つ問題があります。

新人　どのような問題ですか。

中堅　判決は特別送達しなきゃいけない。更正決定も特別送達しなきゃいけないんです。被告11人分にしなきゃいけないので、当時、特別送達の費用は1件1000円を超えていたと思いますし、今も1000円を超えますが、だ

から合計で 1 万5000円ぐらいになりますかね。書記官が私のことを気の毒に思ったのか、「供託金が還付されるまで被告らへの更正決定の送達を止めておきますから電話をください。そうしないと、更正内容が十分でなく、また書き換えが必要になったときには、また11人出さなきゃいけないですから」と。

新人　親切な書記官ですね。

中堅　はい。書記官は、「送達は、時間が決まってないから、別に寝かしてもいいですから」とまで言ってくれて……。

若手　そこまで言ってくれましたか。

中堅　書記官と良好な関係を築けるといいな、ということです。これが非常に勉強になったところです。ちなみに、その再送達の費用が 1 万5000円くらい余計にかかってしまいました、本来なら財団債権なんですけど、恥ずかしくて自腹を切りました（笑）。

Chapter

III

第 3 章 | 弁護士報酬

1　知人の事件についての報酬でトラブルになるかもしれない

(1)　着手金や報酬をどのように請求するか

新人　弁護士報酬の件で、依頼者との間でトラブルになったり、失敗したりしたことはありますか。

若手　知人の紹介で、その知人の弟Ａさんの離婚調停事件を受任しました。離婚調停に毎回一緒に出頭するにつれてＡさんと懇意となり、Ａさんが経営するＢ社と間で顧問契約も締結しました。離婚調停はＡさんのほぼ意向どおりに解決し、離婚調停事件の報酬をＡさんに請求しました。しかし、Ａさんから報酬の支払いはなく、後日、Ａさん個人についての破産手続開始決定の通知が私の手元に届きました。Ｂ社との間の顧問料も最初の1〜2カ月が支払われただけでした。

ベテラン　この事案は、何か反省する点があるのでしょうか。

中堅　こんなことあるよね、みたいな感じですかね。

ベテラン　離婚調停を通じてＡさんに信頼してもらい、ありがたいことにＢ社との間で顧問契約を結ぶことができたけれども、離婚調停事件の報酬は支払われなかったし、Ｂ社から顧問料が支払われたのも最初の1〜2カ月だけだった、ということですね。

中堅　報酬はあきらめて次に行こうという感じですね、こういう事案は……。着手金はもらったのですよね。まさか、着手金ももらってないでは……。

若手　Ａさんから離婚調停事件の着手金は支払われていました。

中堅　私は、一審で勝った後、報酬を支払ってもらえなかったことがありますよ。

若手　それは、とてもがっかりですね。

中堅　報酬金が200万〜300万円というケースだったのです。

若手　ところで、この事案で何がいけなかったのかということを考えてみると、懇意になったＡさんが経営するＢ社と顧問契約を締結したのがいけ

なかったのでしょうか。

中堅　Ｂ社から顧問料として１〜２カ月は支払われたとのことですね。

ベテラン　これは、どうしようもない……。

中堅　Ａさんから離婚調停事件の着手金をもらってるわけですからね。

若手　着手金は支払われたと先ほど言いましたが、金額としては低く設定していました。

ベテラン　Ｂ社から顧問料収入を得られることを考慮して離婚調停の着手金を低く抑えたということでしょうか。

中堅　先輩のベテラン弁護士から、事件に対する報酬金がそれなりの金額になる場合、報酬金をもらわずに顧問料形式する場合もあるという話を教えてもらったことがあります。

ベテラン　そのベテラン弁護士の話は、会社から依頼された事件の報酬金を請求せず、その代わりに顧問契約を締結したということなのでしょう。注意が必要なのは、Ａさんの離婚調停事件はあくまでもＡさん個人の事件なので、その離婚調停の報酬金をＢ社から顧問料形式で受け取ることは問題があるということです。

若手　はい。Ａさんのケースでも、Ａさんの離婚調停事件の報酬をＢ社から顧問料の形式で支払ってもらおうとしたのではありません。あくまでＡさんの離婚調停事件の報酬は離婚調停事件の報酬として請求し、それとは別に、Ｂ社との間で顧問契約を結んだのです。

ベテラン　そうでしょう。Ａさん個人の事件のためにＢ社が顧問料を支払ったということになれば、仮にＡさんがＢ社の代表取締役だったとすると、代表取締役の背任に該当するおそれがありますね。また会社の経費としても否認されることになるでしょう。今回のケースは、離婚調停事件の報酬はＡさんの破産により免責されてしまい、Ｂ社との顧問契約は、顧問料未払いのまま事実上失効してしまった、ということですね。

中堅　先ほどの別の例で、会社から依頼された事件の報酬金を請求する代わりに顧問契約を締結して顧問料を受領することにした場合は、本来の報

酬金の額にも達しないうちに顧問料が支払われなくなったり、顧問契約を解除されてしまうリスクはありますね。本来の報酬金の額に達するまで顧問契約を解除できないようにしておく必要はありますか。

ベテラン　そう規定したところで、顧問契約を解除したいと言われたらその後の顧問料を請求することは難しいですよ。それを心配するなら、あくまで本来の報酬金の分割払いとしておくべきでしょう。

中堅　ところで、着手金なり報酬を支払わない依頼者が本当にゼロであれば、我々弁護士としても助かるのですが、そのような依頼者はいないとは言い切れない面もあります。

新人　みなさんは、着手金や報酬金が支払われなかったとき、どのように対応していますか。

ベテラン　悩ましいですね。

若手　永遠の課題というところでしょうか。

中堅　みなさん、いかがですか。それこそ、着手金や報酬金を支払わなかった依頼者を相手方として訴訟をしたことがあるかと言われたら、おそらくこのメンバー中で訴えたことがある人はいないのではないでしょうか。

ベテラン　ありません。

中堅　そうですよね。

ベテラン　みんな泣いてるんですね。支払ってくださいって。

若手　でも、依頼者に対して着手金なり報酬金なりの支払請求をきっちり行っている弁護士はそれなりにいると聞きます。

中堅　もちろんいるでしょうね。ただ私はかっこ悪いと思ってしまってできないですね。

若手　同期など親しい弁護士同士で、報酬を支払わない依頼者に対する請求をお互いに依頼してやっていると聞いたこともあります。

ベテラン　なるほど。やはり本人訴訟はやりにくいところがあるのでしょうか。

中堅　しかし、依頼者を訴えるのは本当に相当躊躇しませんか。弁護士職

務基本規程26条は、依頼者との間で紛議が生じたときは、所属弁護士会の紛議調停（弁護士法41条）で解決するように努めると規定しています。たとえ報酬額に争いがなく単に支払いがないような場合で、調停による解決が期待できないような事情があったとしても、まずは紛議調停での解決を図るべきですよね。私は、そこまでするくらいならもう忘れて他の依頼者のために仕事をしようと思ってしまいます。

ベテラン　多くの弁護士はそう言うでしょうね。ただ、正当な報酬を請求することを諦めるというのもおかしな話だとは思います。悩ましい限りです。

(2)　着手金の支払いと事件への着手

若手　ところで、着手金の払込みを確認してから仕事をしますか？　それとも先に着手したけど着手金すらもらえないというようなことが、みなさんありますか？　ないですか？

中堅　総額の合意はしますけれど、「いつ支払います」ということまでは確認しないですよね。また、たとえば「書類をつくったらいくらです」と伝えて、ある程度仕事を進めたのに、なかなか払い込んでくれないということはありますよね。知人の紹介だから支払ってくれるだろうと思っていたのに……。

ベテラン　ありますね。

中堅　最近は、「入金を確認させてもらってから、着手しますよ」と、本来の意味での着手金と考えて、事務所の運用を厳しくしようかとは思っているけれども……、私自身は全然お金もらっていなくても始めます。

ベテラン　私も、以前は始めていましたね。

中堅　私は、「いつでもいいですよ」というふうに言って、別に1、2カ月支払っていなくてもあまり気にしないで仕事やっちゃっています……。

ベテラン　私も1、2カ月は気にしないですけれども……。それでも、さすがにすごく支払いが遅れていたら、依頼者に「どうなっていますか」くらいは聞きませんか？

中堅　依頼者に「先生、いつまでに支払えばいいですか」とか「これ、今日支払ったほうがいいですか」と聞かれると、「いや、別に来月でもいいですよ」というような感じで……（笑）。

若手　私だったら、その場合、「着手が遅れます」と言います。

中堅　私はもう普通に速攻で進めてしまいます。もう今日から受任してやっちゃいますね。

ベテラン　事案によっては、急ぐ場合もありますからね。

若手　裁判とかで期限が決まってる事案はやらざるを得ないですけれど、いつ支払われるんだろうな……というふうに、ドキドキしませんか。

中堅　相談を受けて資料読んだ段階でもう私の労働は発生しているわけじゃないですか。着手金の支払いは1週間後だからといって、1週間後に着手するよりも、今からその流れでどんどん進めてしまったほうがいいなと……。あまり何度も「いついつまでに」と言うのも面倒くさいなと思ってしまいます。

若手　だけど、着手金をいつまでも支払わない依頼者は、実際にはそんなにいないかも……。

中堅　私も「着手金を支払ってもらわないと止めますよ」とは言いますから、そのときに支払わない依頼者はいないですよね。

(3)　報酬の請求と事件の終了

中堅　一方で、報酬の請求との関係で、事件の終了をどうとらえるかについて悩む場合がありますよね。報酬を請求するタイミングに迷うといいますか……。

新人　報酬の請求をしないということですか？

中堅　結構あるのが、「反社に脅されてる」「クレーマーに嫌がらせを受けて困っている」ということを言ってて、私が受任して対応したというケースでは、実際、いつ脅しや嫌がらせが止まったのかが正確にはわからないのですよ。依頼者に「とりあえず向こうは引っ込みました」と連絡を受けても、「1カ月経ったらまた来るかもしれない」というふうに依頼者から

言われたら、その後3カ月とか半年くらい経つと、「もういまさら請求するのも、もう面倒だからいいか」というような、そんな感じになることはよくあって……。

若手　「嫌がらせを受けてます」という相談をされて、弁護士入りますという事件は多いと思うのですけれど、それっていつの時点で終了という形で報酬請求をすればいいのか、すごく迷うことがあります。

新人　それはいったんもらっておいて、もし何かあったら対応しますからと言っておくのはだめなのですか？　たとえば、3カ月なら3カ月……。

中堅　それでもいいですけれど……。

ベテラン　何が事件の終了かという問題ですね。不当要求に限らず、事件の終了が問題になるケース、悩ましいケースはたくさんあります。

中堅　何が事件の終了かというのは難しい問題ですよね。たとえば、脅しや嫌がらせを止めてほしいという依頼についての仮処分だったら、本当は仮処分が出たらそれでいいんじゃないかと思っても、仮処分出ても止まらないこともありますね。そういう場合には、刑事告訴をやりましょうなどということになるので、脅しや嫌がらせを止める手続をまとめて、「脅しや嫌がらせが止まるまでこういうことやりましょうね」という形で概算でやっておいて、何かほかの手続が必要だったら追加していくという方法もありますよね。でも、こちらに別件が入って忙しくなってしまうと、何カ月も経ってしまって、どうでもよくなってくる……という感じがあります。

若手　ちなみに、報酬はどのように算定していますか。

中堅　「大体このくらいでやりますよ、たとえば裁判外であれば30万円です、裁判になったら50万円ですよ」というふうに決めておいて、報酬はもらえなくてもまあいいかなくらいの感じでやっています。ケース・バイ・ケースではありますが、とにかく最初に決めておくことが大事です。

ベテラン　何が事件の終了かという論点で、たとえば、依頼者が不当要求をされていて、弁護士が着手して着手金をもらいます。そして、不当要求が終わったときに、なくったときに報酬が発生するわけですよね。その

「終わったとき」「なくなったとき」というのがどこかというのは、本当に実務上よくわからない、結構リアルな問題だと思いますね。

中堅　やはり契約書で半年とか3カ月後というふうに期間を定めておくのがいいのだろうと思います。大きい会社が依頼者のときには、向こうも「報酬いつになりますかね。じゃあ3カ月で不当要求がなかったら終わったことにしましょうか。その代わり、またあったら、そこはあなたの着手金はもらいませんから」という形でやったこともありますよ。いや、期間は半年くらいにしたのだったかな、確か……。

若手　「不当要求されていて、それを止めてほしい」という事案のときには、契約するときに報酬が発生する時期をきちんと決めておいたほうがいいということですね。

ベテラン　不当要求の事案だけに限りません。契約するときに報酬の発生時期を決めておくのがよいです。

中堅　報酬の内容や発生する時期は細かく決めておくということですね。

ベテラン　ただ、1カ月というのは短いような気がしないでもありません。

中堅　はい。そして3カ月がやはり限界かなと思いますね。3カ月以上経

いつ請求すればいい？

つと、本当に弁護士もそうですが、依頼者も「いまさら支払うの？」というふうになる感じはしますね。

若手 でも、脅しや嫌がらせ、不当要求をする人というのは、3カ月経っても、2年経っても、また繰り返すことがあるじゃないですか。

中堅 そうですね。そういうのは企業レベルでもありますよ。商標権が侵害されているとの通知が会社に届いたことから、その通知に対する内容証明を出してくださいという依頼がありました。いくらいくら支払えと書いてありましたので、私がそれを拒む内容証明を出したところ、相手方から反論が出てきたので、さらに再反論の内容証明も書いたところ、それっきり相手方からの連絡は途絶えました。このような事案で、請求するだけ請求して拒否されたらその先は対応しないという代理人がいますよね。だから、逆に寝た子を起こすといけないから、こちらから連絡をとらないほうがいいというような事件は本当にありますね。

若手 その事件の場合、報酬はどうしたのですか。

中堅 報酬をもらえるという約束はしているのですが、契約書に、いつの時期になれば事件が終了かということを取り決めていなかったから、失敗したなと思って……。

ベテラン 事件の終了を決めておかないと、そういうことになりそうですね。

中堅 ちゃんとやるのであれば、たとえば、3カ月、相手方から不当要求がこなかったら報酬が発生するというふうに決めておいたほうがいいのだろうなという感じです。

(4) 報酬の回収の見込みがなくなってきたとき

若手 相手方の預金債権を仮差押えして、500万円とか1000万円とか結構な預金残高があって、本訴の準備をしていたら、仮差押えした預金が税金の滞納処分で全部持っていかれたことがありました（笑）。正直そのときは滞納処分のリスクまで依頼者に話してなかったわけです。依頼者には、「仮差押えして、これは確保してるから、本訴やっても大丈夫ですよ」と

いうふうに伝えていて、こういうこともあるんだというのは、だいぶまだ新人に近い頃ですけれど……。

中堅　でも、そこまでは普通説明しないですよ、正直……。

ベテラン　確かに、そこまで説明しません。「仮差押えにより、相手方は引き出せませんから、これで本訴やっても大丈夫ですよ」というのは、さすがに弁護過誤ではないですよね。

若手　何の前触れもなくごっそり持っていかれて、こういうこともあるんだなと思いましたね。

ベテラン　税金は強いですね。

中堅　でも、依頼者は訴訟をやってもお金を取れないじゃないですか。滞納処分で仮差押えしてた分も税金に持っていかれたわけだから、1円もないわけですよね。

ベテラン　仮差押えしたとき、担保は積んでいるんですよね。

若手　はい。私はその担保から報酬を取ることはできますけれど、依頼者からしたら、経済的利益はゼロということになります。

中堅　それは報酬は取りづらいですね。

若手　はい。だからこの事案では報酬は取れないということなのです。だから結構……。

ベテラン　経済的にゼロなのかな。

若手　まあゼロではないですけれど……。

新人　判決が紙切れということになってしまいます。

ベテラン　判決が紙切れになっちゃうから。

中堅　そうしたら、依頼者本人からは報酬を本当に取れないのかということになりますね。

ベテラン　相当おかしいとはいえるけれど……。

若手　取ることはできるでしょうけれど、でも……。

中堅　そうですね。取ることはできるけれど……、という事案ですよね。

若手　私としては、確実に債権を回収できる事件として見込んでいたので

すが、取れなくなってしまったわけです。しかも依頼者にも、「1000万円は仮差押えをしているから、少なくとも1000万円は回収できますよ。弁護士報酬はいただきますけれど」というようなことまでしたのに。税金の滞納処分で全部持っていかれてしまったという（笑）。

⑸　紹介者への報告と守秘義務

中堅　昔から知人の紹介の事件というのはありますけれど、知人の紹介というのは、知人が依頼者を連れてくるというだけなので、依頼者が報酬を支払わないことについて何らかの責任まで負うというものではないということが悩ましい点ですよね。

ベテラン　依頼者が報酬を支払わないということを、紹介者の耳に入れたいところではあるけれど、守秘義務違反ということになる可能性があるから言えないですね。

若手　私も弁護士から紹介された依頼者が報酬を支払ってくれないときには、その紹介してくれた弁護士に、すごく言いたいなと思うときがありますけれど、守秘義務があるから言えませんね。

新人　弁護士同士だったら、「まだあの依頼者から報酬が支払われないんですよ」と雑談で言えるかもしれないですけれど、一般の依頼者だったらやはり言えないですよね。

ベテラン　弁護士同士でも言えないですよね。守秘義務は一緒ですよ。

新人　守秘義務違反ですね。

若手　ところで、その事件の報告は、紹介者にしますか。

中堅　しないですね。紹介者にはしないです。

若手　「あの事件、終わりました」というようなことは言わないですか？

中堅　言わないですね。

ベテラン　私は、終わったくらいは言いますけれど、中身は言わないですね。勝った・負けたまでは……。

中堅　私は、「本人に直接聞いてください」と言いますよ。だって、紹介者がどこまで話を聞いてるかわからないですし……。

ベテラン 紹介者によっては、事件がどうなったかを聞きにくる人がいますよね。「守秘義務があるので、それは言えません」と断ると、それはそれでなんか冷たいなという気もしますよね。

中堅 昔は、紹介者が、自分が金を取りたいから連れてくるということがありましたよね。だから、私は、必ず両者に、「私の依頼者はこの依頼者で、あなたは紹介者ですから、私はこの人（依頼者）のためだけに働きます」ということをちゃんと伝えたうえで事件を受任しますよ。

ベテラン そうなんですよね。そうしないと……、地方の名士とかがよくそういう依頼者を連れてくるということがありますよね。

中堅 紹介者って、だから恐いですよね。紹介した依頼者からお金を取ろうと思っている場合もあるので……。おおまかに、「こういうことで相談にきたので、引き受けましたよ」というくらいのことは報告してもいいかもしれないけれど、細かい話になっちゃったら……。

ベテラン 細かいことは言わないですね。

中堅 そもそも依頼者以外の人には報告しないわけですからね。

若手 たとえば、依頼者の損害が回復できて、その依頼者が紹介者に何も支払わずに、自分が全部使っちゃいましたというときに、紹介した依頼者からお金を取ろうと思っている紹介者が、こちらに対して、「なぜ私に知らせてくれなかったのか」と言ってくることはあるのでしょうか。

中堅 そういうことを言う人はいますよね。

ベテラン それは切らないとだめでしょう。

若手 確かに、「なぜ事件が終わったのに言ってくれなかった」と言われそう……。

中堅 私が依頼者を紹介されたときには、紹介者には「依頼者に連絡しますね」とか「○月○日に会うことになりました」ということだけは伝えて、依頼者には「紹介者には言っておいてくださいね」とか「紹介者に報告したほうがよければこちらから言っておきますよ」というくらいは言いますね。

若手　たとえば、本当はＡ弁護士にお願いしたいんだけど、忙しいという理由で、Ａ弁護士から、Ｂ弁護士を紹介されたとしますね。このとき依頼者は、「紹介されたＢ弁護士のおかげで終わりました。ありがとうございます」というふうに、Ａ弁護士に報告するかどうかわかりませんよね。

中堅　はい。

若手　そうすると、Ｂ弁護士としては、「事件は終わりました」とか「これこれこういう内容で終わりました」ということは紹介してくれたＡ弁護士に言っておかないと、次から紹介してもらえなくなる気がします。

中堅　そういうときには、依頼者の承諾を取ればいいわけですよ。

ベテラン　そうですね。個別承諾をとらなければいけないということでしょうね。

若手　たとえば、離婚事件などで紹介者が親だっとときでもそうですよね。「離婚はどうなってるのか」というふうに親から聞かれますから、そういう場合には、依頼者に、親に聞かれたときは答えてもいいかどうかを聞くと、「いいですよ」とか「むしろ親にも説明してください」となることがあります。依頼者には、「でも本来は親に説明する必要はないですよ」というようなことを言いますね。

中堅　原則でいうと、「守秘義務があるので、本人（依頼者）に聞いてください」というのは当たり前のことで、どこまで例外的な運用するか。ここですよね。

若手　依頼者から、「本当は紹介者に内緒にしておきたかったのに、先生、なぜ言っちゃったんだ」ということになったら、懲戒請求されますよ。

中堅　それは駄目だと思います。

若手　そういうことを考えると、紹介者と依頼者にお金の関係のある場合もあるから、紹介者に報告していいかどうかは依頼者の意思次第ということになりますし、依頼者の意思に反していれば懲戒されるリスクは常にあると思います。

ベテラン　そういうことになりますね。

中堅　紹介者は弁護士紹介でお金を取っている可能性もゼロではないわけじゃないですか。だから紹介者とは距離を置かないと恐いですよね。

2　会社に無断でした相談についての報酬でトラブルになるかもしれない

若手　賃料未払い等でビルのオーナーとトラブルになっているということで、テナントである会社の担当者が飛び込みで相談に来たという事例があります。相談料は、まとめて会社に請求してほしいとのことでした。何度か相談に乗った後、その会社の社長から、その担当者は会社には無断で相談しているので、相談料を支払う意思はないという手紙が届いたということです。

中堅　会社の社員が来ました、会社の相談ですと言っていたので相談を受けていたのだけれど、その社員には権限がないから会社は支払いませんというケースですね。

ベテラン　このケースは、相談料の支払意思について確認が足りなかったのではありませんか。

中堅　ただ、社長が「君、ちょっとそこらへんの法律事務所に行って聞いてこい」というふうに社員に指示して、社員は弁護士から回答だけを持ち帰って、その後、社長から、「そんなのうちの会社は頼んでない。あの社員が個人的にやったんだろう」と言って支払わないという可能性がないともいえない気がします。

若手　会社の担当者が来て、「支払います」と言ってきたときに……。

ベテラン　法律相談のときに、社長のはんこ（社判）を押した書類を持ってきてくださいとは言わないでしょうが、相談料の支払いなり、その社員の権限についてはしっかりと確認すべきでしょう。

若手　このケースは、会社の法律相談についての代理権みたいなものが、その社員にあるかどうかということが問題になるはずです。代理人なら、社長や会社に対して請求できると思います。普通は、ある程度の権限は平

社員だってもってやっていると思います。

中堅　当然そうですね。

ベテラン　最初から全部、平社員のやることをすべて会社の社長が決めたり取締役で決めたりということではないでしょう。

中堅　法律相談が日常の業務に入るかどうかということがまた微妙なところで（笑）。

ベテラン　表見代理の問題も出てきそうです。

中堅　5,000円の請求とか1万円の請求はするわけで。請求するとき、発生はするけれど実際に請求するかという一番最初の根本的な問題にさかのぼるわけです。

若手　会社としても意図的に支払いを拒んでいるとしたら、ひどい話ですね。

中堅　ひどいですね。

若手　でも、そもそも「相談料はまとめて会社に請求してほしい」ということ自体、あやしいといえばあやしい……。

中堅　結構あるかもしれませんね、こういうケースは……。

ベテラン　ないとはいいきれませんが……。

新人　仲良くなっている人だったらそうかもしれませんけど、飛び込みの相談だったらとりあえず……。

中堅　社員が会社の相談で来て、その社員に請求というか、現金でもらったりとかではなくて、会社が振り込みますと言われたら、会社に請求書を送りますね。

ベテラン　私は、そのたびにくださいと言います。

中堅　たとえば1時間2万円だとして、2時間だと4万円とか、金額にもよると思うのですが、そんな……。

ベテラン　相談に来るたびに、となると10回くらい相談に来てるかもしれませんよ。

若手　1カ月の間に次々に……。でも、相談のたびに支払ってもらわない

としたら、どこからもらうのでしょうか。請求書を出してて気がつきますね。

中堅　あまり権限のなさそうな人が来たら、ちゃんと会社からの相談かな、というのは感じますよね。なんでこの人が来たんだろうと……。普通、このような人は来ないじゃないですか、法律相談って。

ベテラン　確かに。飛び込みでは来ないですよね。それなりの人が来ますよね……。

若手　飛び込みの会社の法律相談はあまりよくないか（笑）。やはりちゃんと請求したほうがよいのでしょうね。自分のためにも……。

3　依頼者の資力の問題で報酬を支払ってもらえないかもしれない

若手　購入した資材の代金不払いで裁判を受けているという会社の社長が飛び込みで依頼に来て、人証調べまで実施して、その裁判中に、別件でも訴えられたということで、その事件も受任して、着手金は分割ながらも満額受領したという事例があります。打合せをしていく中で、会社にはほとんどお金がないことが判明したけれども、途中で辞任することもできず、代理人としての活動を継続して、いずれの事件も和解で終結し、一定の成果があったものの、いまだ報酬（合計200万円弱）の支払いがないという事案が報告されています。

中堅　この事案は、依頼者にお金がなくて報酬が支払えなかったというものでしょうか。

ベテラン　事件の途中で、依頼者にお金がなくて報酬が支払えないだろうということがわかっているのに辞任ができないということですよね。

中堅　できないでしょうね。

若手　報酬を絶対もらえないのはわかっていて続けるのもなかなかつらいけど、辞任できないですね、こういうケースはやはり……。不利なときに辞任した、というふうに後で言われてしまうから……。

ベテラン　厳密にはヒヤリハットではないかもしれませんね。弁護士リスクという意味とはいえ、覚悟の問題かと思います。

中堅　報酬をもらえなさそうなことも辞任の理由になるのでしょうか。その辞任を正当化するかどうかですよね。

若手　報酬をもらえなさそうなことを立証するのはなかなか難しいですよね。

中堅　辞めたとしても、元依頼者から責められたらまずいでしょうね。

新人　そうですよね。

中堅　つらいけれど、この事案であれば辞められないかもしれませんね。

若手　私、訴訟係属中に本当に破産の可能性もある会社の事案で、着手金だけはもらっておいて、1回1回、法廷ごとにいくらという形でもらったことはあります。

中堅　そのような場合は、その方法がよいのかもしれませんね。

若手　不当解雇で訴えられていた事案で、その会社から「会社にお金がないので、たとえ訴訟で勝っても支払うお金がない」「和解もできない」というふうに言われました。「もし負けたら破産手続開始の申立てをするから」とも言われて、これは絶対に報酬はもらえないなと……。

中堅　確かに、本当に報酬はもらえなさそうですね。

4　反訴がなされて報酬で悩んでしまうかもしれない

中堅　皆さん、最初の受任契約書の中に、業務内容の追加等があったら契約を変更できるという条項を入れていますか。

新人　一応、話し合うときに入れています。

若手　私は、着手金のところの見直しに一応入れていますけれど、使ったことはありませんね。「あっ」と思ったときには、途中で気がついても、1回いくらという形に変更するのがよいのかもしれません。

新人　反訴されたときには、皆さんどうしているのですか。

ベテラン　反訴ですか……。

若手　反訴されたとき……。

ベテラン　少しもらうでしょうか……。

中堅　でも、やらないとも言えないじゃないですか。反訴のほうの代理人
　はしませんとは、なかなか言えないですよね。

若手　理屈から言ったら、反訴の代理人を断ることはできるのではないで
　しょうか。反訴のほうは別の代理人に、ということで……。

ベテラン　理屈から言ったらできるでしょう。それはできる。別件ですか
　らね。

中堅　ただ、やり方によっては、さらに負荷がかかるかもしれません。

新人　裁判官に、「着手金もらえなかったから、反訴の代理人はやりませ
　ん」とは言いづらいですよね……。裁判所からも委任状を出してください
　とは言われないですよね、反訴のときには……。

ベテラン　本訴の委任状の委任事項に通常入っていますよね。

中堅　入ってしまっていますからね。「反訴は、別の弁護士に頼みました」
　となったとしても、結局その弁護士といっしょにやったらその分手間がか
　かってしまいます。だから自分でやらざるを得ないのではないかと思いま
　す。

若手　たとえば、こちらが建物の請負代金請求をしてて、反訴は修繕請求
　というような事案もありますよね。

中堅　そういう事案で、反訴の着手金を請求したとしたら、「反対に裁判を
　やられるんだったら（本訴を）やらなかった」というふうに言う依頼者が
　いるかもしれないですね。

ベテラン　実際、こちらが訴えたから反訴されたのは事実なのでしょうが、
　でもそこで依頼者から指摘されるということはないのではないですか。

若手　事案にもよりますよね。

新人　懲戒事由にはならないのではないでしょうか。

若手　反訴されるのが明らかであるといったケースでは、そのことを説明
　しなければ、やはり言われるのではないでしょうか。

148

ベテラン　建物の請負とか修繕の話であれば、きちんと説明しておく必要がありそうに思います。

5　顧問先と報酬でトラブルになるかもしれない

若手　見立て違いで、実はすごく経済的利益が大きかったという事案を経験したことはありますか。

ベテラン　ありますね。

中堅　私もあります。

若手　当初の見立てで大きな経済的利益は見込めないと思ったこともあり、依頼者と協議のうえ、委任契約で、報酬を経済的利益の額に連動する形とはせずに固定額としていたのです。だから、結果として見立てをはるかに上回る経済的利益が得られたのですが、当初定めた額しか請求できませんでした。

ベテラン　私も全く同じ経験があります。結果としてすごく大きな経済的利益の額を得たとしても、委任契約書において経済的利益の額に連動する計算方法を定めていなければ仕方ありません。

中堅　依頼者にお願いベースで相談してみるのでしょうかね。でも、それでは嫌だと言われたらそれまでです。委任契約書に定めた報酬金をお支払いいただく、ということでしょう。

ベテラン　見立て違いが悪い、ということですね。委任契約の段階でいろいろと想像する必要がありますね。

中堅　みなさんは、きちんと委任契約書を結んでいますよね。

新人　はい。懲戒処分の事例で、ここ最近のことですが、依頼者との間で委任契約を結ばずに戒告処分を受けていた事例を目にしました。

中堅　委任契約書なしで報酬を請求して、依頼者から懲戒請求されたら戒告になってもおかしくありません。

ベテラン　弁護士会もそう指導しています。

新人　私が受講した弁護士会の研修で、委任契約書を作る作らないかの事

例問題を検討したことがあります。

若手　顧問先との関係ですが、たとえば、「この契約書、翻訳お願いします」と顧問先から依頼されたら、その都度委任契約書を作成する必要はあるのでしょうか。

中堅　その依頼事項が、顧問契約の範囲内か範囲外かということではないでしょうか。範囲外のことについてはそのための委任契約書を作成し、そして、委任契約書の内容に基づき報酬を請求する、ということになるでしょう。

ベテラン　弁護士職務基本規程30条は、事件受任にあたっては、弁護士報酬に関する事項を含む委任契約書を作成することを原則とし、受任する事件が顧問契約に基づくものであるときなどの合理的な理由があるときを例外としています。顧問契約の範囲内で対応するものは顧問契約に基づくものとして委任契約書の作成は不要でしょうが、顧問契約の範囲外の業務として顧問料とは別に着手金・報酬が発生するような案件は、別途委任契約書が必要ですね。

若手　懲戒事例で問題になるのは、当該依頼者との間に信頼関係もない中で、じゃあこれでという感じで、急に請求書を出したというパターンが多い気がします。

中堅　顧問先とは信頼関係があるでしょうし、確かに、顧問先に委任契約書なしで報酬を請求して、その顧問先から懲戒請求されるようなケースは多くはないかもしれません。ただ、顧問先だからといって、顧問契約の範囲外のことについて委任契約書をつくらなくてよいというわけではありません。

若手　顧問契約の範囲外のことを依頼された場合には、この報酬基準で対応しますということを顧問契約書に入れておけばよいでしょうか。

ベテラン　顧問契約に報酬基準を明示しておくことはよいでしょうね。ただ、顧問契約書において報酬基準を明示していたからといって委任契約書の作成義務が免除されるわけではないでしょう。顧問契約の範囲外のこと

については当該事件のための委任契約書を結び、そして、委任契約書に明示した報酬を請求するというのが基本です。

新人　報酬がゼロでも委任契約書をつくらないといけないのでしょうか。

中堅　顧問契約を締結している依頼者の事案で報酬がゼロであるなら、多くは顧問契約の範囲内ということなのでしょうから、委任契約書は不要と解されることが多いでしょう。しかし、弁護士の報酬に関する規程5条4項は、委任契約書には、弁護士報酬の額や算定方法のみならず、受任する法律事務の表示および範囲、委任事務の終了に至るまで委任契約の解除ができる旨並びに委任契約が中途で終了した場合の清算方法を記載しなければならないと定めています。委任契約書作成の意義はそれらの事項を明確にして依頼者とのトラブルを未然に防ぐところにあるのですから、報酬がゼロであれば委任契約書を作成する必要はないということにはならないでしょう。

若手　そうだと思っています。私は、委任の範囲を明確にしておくことが極めて大切だと感じていますので、たとえ報酬がゼロであっても、いや、報酬がゼロであるからこそなおさら委任の範囲を明確にしておかないと際限がなくなって困ってしまいますので、顧問会社との間で報酬ゼロの委任契約書を作成することがありますね。

6　関係者からのクレームにより報酬を支払ってもらえないかもしれない

若手　破産手続開始申立事件（自己破産）を受任しました。依頼者（債務者）の完全子会社がホテルの建物を所有し、運営はホテル運営会社に委託していました。破産に伴い、破産会社が有する子会社株式を売却することになりますが、売却先を見つけるまでの期間、子会社のホテル運営の資金繰りがつかないため、ホテル運営を停止して、従前のホテル運営会社とのホテル運営契約を解除する方向で進めていました。そうしたところ、破産手続開始決定後、ホテル運営のために子会社に資金融資していた銀行（こ

の銀行は、破産会社との関係でも主要な債権者でした）から「ホテルの運営を継続しないと資産価値が下がってしまうので、何とか運営を継続できないか」と破産管財人に申入れがありました。

中堅　債権者から管財人に対して申入れがあったということですね。

若手　はい。2 カ月後くらいあれば、銀行が子会社株式の買主を見つけられる見込みだが、その間にホテルを休業してしまうと資産価値が減少してしまうので、何とか運営を継続する方向で調整できないかということでした。

中堅　なるほど。管財人がホテル営業を継続することになるのですか？

若手　管財人としては、破産会社の管財人であって、ホテルを所有する子会社の管財人ではないので、何もできないとのことでした。ただ、破産会社が有する子会社株式を売却するにあたって、「子会社株式の価値を維持する」という意味で子会社のホテル運営を継続することは大きなメリットがあるため、破産会社の申立代理人が子会社の代理人になるなどして、ホテルを運営するための方策を検討できないか、と打診を受けたのです。そこで、申立代理人である私が、管財人と協議のうえ、新たに短期間かつ低価格でホテル運営を受託できる会社を探すこととなり、破産会社の代表者の知人の会社と交渉して、数カ月という期間限定でホテルを運営してもらうことになりました。

中堅　よく短期間にそれだけ特殊な条件で新たなホテル運営会社を見つけられましたね。

若手　そうなんです。ホテルは営業を継続することができ、その後管財人が子会社株式を売却して新たなオーナーにホテルの営業が引き継がれました。そこまでは順調だったのです。ところがその後、この一時的に委託したホテル運営会社が、その委託期間中のホテルの売上げを誤魔化して報告していたことが発覚しました。要は、運営会社が、売上げを過少申告していたということです。

ベテラン　どのように発覚したのですか？

若手　帳簿がホテルに隠してあったようで、子会社株式を購入した新たな
オーナーが、報告された売上額と、実際のホテルの売上額に差異があるこ
とを発見したのです。子会社の新オーナーから私に、「報告されていた売
上げと帳簿の売上げが違っている。一時的に運営を委託したホテル運営会
社が横領したに違いない。その運営会社と連絡が取れなくなっているので、
どうにかしてもらえませんか？」という連絡があったわけです。

中堅　一時的に運営を継続していた間のお金はどう管理されていたのです
か？

若手　子会社の代理人として預り金口座で保管していました。管財人と協
議して、その間だけ売上金全額を預り金口座で保管して、従業員の給料は
この預り金口座から支払う、という運用でした。

中堅　ホテル運営会社からその預り金に入ったお金が、過少だったという
ことですね？

若手　そうです。振り込まれた額が過少でした。

中堅　注意義務違反があるとの指摘もありそうですけれど、代理人として
は仕方のない部分もある気がします。どうなのでしょうか？

若手　代理人に対する責任問題には発展しませんでしたが、「弁護士が関与
しているのに、なぜこうなるんだ」と、子会社の新オーナーからクレーム
がきました。

中堅　そうなりそうですよね。

若手　責任問題との関係でいうと、債権者である銀行が、「いや、これはも
うしょうがないことですよ。さすがに破産申立代理人がそこまで管理する
なんてそんな無理な話ですよね」という認識でした。このホテルが遠方に
あり、とても通える場所ではなかったという地理的な支障もありました。
毎日のように行くのは物理的に無理です。

中堅　その後、どうなりましたか。

若手　連絡のとれなかったホテル運営会社から、「とんでもないことをして
しまいました」との連絡がありました。しかも、このホテル運営会社から、

横領事件の刑事弁護をしてもらえないかという依頼がありました。

中堅　刑事事件に発展したということですね。

若手　刑事事件の弁護依頼は断り、着服されたお金の返還を求め、最終的には、ホテル運営会社が誤魔化した売上げをきちんとホテルに返させることができました。

中堅　結果はよかったわけですね。そこで気になるのが、報酬はどうなったのでしょうか。

若手　はい、どうにか悪い結果は避けられたのですが、子会社からホテル運営を継続できたことについてを含めて報酬は得られませんでした。新オーナーが「弁護士が関与しているのになぜこうなるんだ」とクレームを付けている状況で弁護士費用は支払えません、ということで……。

中堅　ホテルの売上げは破産財団を構成するのではないのですか？

ベテラン　子会社のホテル運営に関する売上げなので、破産財団は構成しませんね。破産財団になるのは、子会社の株式譲渡代金になるでしょう。

若手　そうですね。

中堅　ただ、申立代理人の立場で、子会社から報酬をもらうのは利益相反の点で気になりましたが、管財人はOKと言ってるわけですね。

ベテラン　それであれば利益相反の問題は大丈夫ではないでしょうか。

若手　管財人から「先生、この銀行、結構な債権者なので、この銀行の希望で何かやってもらえませんか？」というような話があったのですよ。

中堅　やらなくてもよかったのではないですか。

若手　嫌だなと思いながら……。

中堅　そうですか。でも、子会社株式を買った新オーナーは、少ない売上げを前提に値付けしてるから、儲かったのではないですか？

若手　そうだと思います。

中堅　ホテルを安く買ったうえで、後から売上げが戻ってきたのですからね。

ベテラン　それで、報酬を支払いたくない、ということですか……。何か

書面はあったのですか。

若手 書面はつくっていました。

新人 こういった事例は、そのリスクもあらかじめ回避できるものでしょうか。

若手 申立代理人としてはどうすればよかったのでしょうか。自分でホテルの支配人をやれば把握できたかもしれません。

中堅 現実的には無理でしょう。ましてや、遠方であれば……。

新人 申立代理人は、そこまでしないといけないんでしょうか?

若手 そうですね。そこまで申立代理人が協力しなければいけなかったのかという話と、協力するときにどういうふうな対策すればよかったのかというのが悩ましいです。

中堅 これは、不思議な事件でしょう。怖いですね。しかも横領もありますし……。

ベテラン 子会社株式の買主も、報酬支払いという債務が付いた形で譲り受けたわけで、それ見て金額を付けていますし……。きちんと、報酬を請求してもよかったようにも思います。

若手 そうですね……。みなさんは、弁護士報酬の支払いを渋られたとき、どうしますか?

ベテラン 弁護士費用について、何か、日本の弁護士は闘わなさすぎませんか? 裁判で正当に闘ったのだから、報酬請求についても、アメリカの弁護士なら絶対に闘うのではないでしょうか。

中堅 その場合は、自分でやるのですか。代理人にお願いするのですか。

ベテラン そこは、わかりません。ただ、アメリカには、そこで弁護士報酬を請求することが恥ずかしいと感じる文化が全くないでしょうね。だって正当なことやっているのだから……。

中堅 恥ずかしいのではなくて、正直なところ、面倒くさい……みたいなところがありますね。

若手 そうです。面倒くさいというのがありますね。

中堅　面倒くさいのと、懲戒請求の問題もありますよね。

若手　はい。

中堅　それこそ、「運営会社とグルで抜いてたんじゃないか？」というふうなことを言われかねないですね。

若手　そうですね。

中堅　運営会社だって、刑事訴追されたら「弁護士も知っていました」とか言いかねない……。

若手　そうです。確かに、弁護士が関与した中でこういった事件起きているという、何か、負い目もありますね。

ベテラン　そこでリスク回避として報酬を請求しないという選択をするのはわかるけれど、何か報酬について権利を主張すること自体が弁護士としておかしいみたいな発想は、私はちょっと……。

中堅　いきなり訴訟したら、「弁護士は、依頼者との信頼関係を保持し紛議が生じないように努め、紛議が生じたときは、所属弁護士会の紛議調停で解決するように努める」との弁護士職務基本規程26条に抵触するおそれがありますよね。

ベテラン　もちろん、いきなり訴訟すべきだと言っているわけではありませんが……。

中堅　結局は、面倒くさいからやらないというだけではないでしょうか。

ベテラン　面倒くさいというのは、どういうことですか。金額にもよりますか。

若手　そうかもしれません。この事案は、イレギュラーな事案だったということもあります。

ベテラン　管財人の方針との関係も注意が必要でしょうね。あまり深入りしないほうがいいかもしれませんね。

中堅　申立代理人としては、「利益相反のおそれもあるからできません」と言えば、そうしたら多分、債権者である銀行が不利益を被るという話ですよね。要するに、「資産価値が下がって残念です」という、それだけの話

ではありませんか。

若手　そうかもしれません。

中堅　「できません」と言ったら、管財人としてはそれ以上言えないですから、管財人が自分自身で何とかしないといけないですね。

ベテラン　ただ、詳しい事情がわからないので何とも言えませんが、破産手続開始申立ての前に子会社のホテル営業の継続のめどを立てておけなかったのかなと思います。

中堅　そのほうが、わかりやすいですね。

ベテラン　破産手続が開始されてから管財人に「やってください」と言われて引き受けてしまったために苦労したところがあるでしょうね。

7　報酬支払いを理由に相談だけして受任に至らないかもしれない

若手　建物明渡請求事件の相談を受けて、建物明渡しには、弁護士費用、執行費用等が必要となるという説明をしたところ、費用をできる限り支払いたくないと依頼者が表明し、受任に至らなかったという経験がありました。

新人　相談を受けて、ひととおり回答はしたのですか。

若手　受任する前提で相談を受けていましたので、その事案の解決に必要な手続や注意事項など詳細に説明しました。弁護士費用についても早い段階で説明していたのですが、最後の最後に、費用をかけたくないから自分でやりますと言われてしまい、無償で本人訴訟のお手伝いをした結果になってしまいました。

ベテラン　よくある話ですよね。

中堅　相談時間は、どれくらいだったのですか。

若手　何回も、面談しました。

ベテラン　何回も、ですか。

中堅　面談ごとに法律相談料は受け取っていたのですか。

若手　いいえ、もう受任する前提で法律相談を受けていましたので、法律相談料はもらっていませんでした。面談の中で、着手金くらいはいただきますよという話をしました。

ベテラン　私は、早めに契約を締結して着手金をいただくようにしてます。

若手　私は、その経験を踏まえて、法律相談料はもらうようにしました。

8　依頼者から相談前に資料を読んでほしいと言われるかもしれない

若手　初めての法律相談で、あらかじめ相談事をまとめて関連資料もメールで送ってきたうえで法律相談の時間に来る依頼者がいますよね。事前に資料を読むのも実際には結構大変ですが、どのように対応していますか。

ベテラン　私は、契約をしなければ、何の仕事もしないと言いますね。分厚い資料が送られてくることも多いですが、委任契約をしていなければ資料も見ません。英語の資料とかをガンガン送ってくる人もいますが、資料を開くこともしませんね。

新人　その依頼者にはどのように対応するのですか。

ベテラン　私の場合は、「資料は見ていませんよ」と事前に伝えます。「この契約書にサインしていただけたら、資料を読みますよ」と言います。

中堅　でも、依頼者としては、資料を読んでもらったうえでの面談を希望してるいるわけですよね。

ベテラン　いえいえ、事前に、「資料は見ていませんよ。この契約書にサインしていただけたら、資料を読みますよ」というふうなメールを送るのですよ。

中堅　依頼者としては、先に資料を読んでおいてくれたら、面談のときが充実するということで事前に送ってるわけですよね。

ベテラン　それはもう契約締結が終わって着手金をもらってからのことです。依頼者から、「契約書はOKですので、資料を見てほしい」というふうな連絡がきたら、こちらとしては「契約書がOKなら、まず契約書にサ

インをして、着手金を送金してくださいね」と返事をします。

若手　それでは、実際に事前に資料を読むことになるとして、それ自体も結構大変ですよね。

ベテラン　私は、そういう場合は、1時間くらいとか、資料を読む時間を決めていますね。大体、このくらいは読んでから会うようにするとか決めています。

若手　そうしたときの、たとえば相談料はどうしていますか。

中堅　私は、資料を読む時間の相談料はとらないですね。

若手　そうなのですか。それはすごいですね。資料をチェックして、実際に調べたりすると、結構時間を使って大変だと思います。

中堅　その場で資料を読むのは大変だから、事前にもらったほうがよいですよ。

若手　私もそう思うのですが……、でも事前にやると、その分の相談料を請求できるのではないかな……と、いつも考えます。

ベテラン　相続とか、すごく複雑な事案だったら、10万円ほど調査費用をいただいて、しばらく考えさせてくださいというふうに対応したことはありますね。でも、調査費用をいただいたのはその1回だけですね。

中堅　相続関係の相談を何回か受けて、特に費用はもらわずに資料を読んで相談に応じたことがあります。それは結局、本人が自分で調停やりますと言うから、調停の申立ての書式などを提供しただけで、結局そのまま費用ももらいませんでした。

若手　法律相談料ももらえわなかったのですね。

中堅　でも、それから2年以上経ってから、その人から連絡があって、「すいません。あのときの費用を支払っていなかったので、支払います」と言うので、「ああ、珍しい人だな」と思って、一応3回くらい相談に乗ったから、資料の検討も込みで5万円を請求したら、高いと言われたことがあります。

若手　高いと言われたんですね。

中堅 メールでやりとりするその時間がもったいない、それではもういいですよ、と思いましたね。3回くらいの法律相談を受けたことも一応確認もしましたし、そもそも資料読むだけでも5万円以上の費用がかかりますよ。

ベテラン そうですよね。自分で調停やりますという人に、そのようなケースが多いかもしれない。金銭感覚も人によって違いますからね。

中堅 そうですね。この事案でいうと、2年以上も前のことで私もすっかり忘れていましたけど、わざわざ費用を支払うと言ってきて、費用を提示したら、それは高いと言われて……。この人は、いくら支払うつもりだったのだろうと思いました。

9 依頼者から実費込みで引き受けてほしいと言われるかもしれない

若手 かつて1回経験したのが、ワンルームの部屋の明渡しで建物明渡請求をする側の代理人になった事案なのですけれど、弁護士報酬を、強制執行になったときの執行費用など全部込み込みで50万円でやってくれないか、という話をされたことがありました。

中堅 執行費用込みで50万円ですか。

若手 執行費用込みだとして、執行費用は、それこそ荷物の数とかによって全然変わってきますよね。

中堅 そうですね。

若手 建物明渡しの断行までしたら、場合によっては、もっと執行費用はかかりますよ、と伝えました。ほとんど荷物が残ってなければ、あまり執行費用はかかりませんが……。

中堅 結局、執行費用込みで50万円で受任したのですか。

若手 結局50万円でやりました。結果として、執行費用としても、確か15万円くらいで済んで利益にはなったのですが、そのときにどういう判断をすればよかったのかと思います。

ベテラン 執行費用って、自分の報酬ではなくて実費ですからね。

若手 そうですね。

ベテラン やはり実際に強制執行をしてみないと何があるかわかりませんし、場合によってはタダ働きどころか、こちらの持ち出しになる可能性もあるから、こういった依頼は受任しないほうがよいのではないでしょうか。

中堅 仮に事前に荷物が少ないことをたまたま確認できたとしても、執行当日に、荷物が大量にあったりとかしたら、それこそ大変なことになりますよね。

若手 そうなのです……。だからそういったときに全部私の持ち出しになってしまうのですよね。

ベテラン そうです。場合によっては100万円くらいかかるケースもありますよ。

新人 普通、ワンルームの建物明渡しの執行費用はいくらくらいなのですか。

若手 私がよく使ってる業者だと、普通に単身者の建物明渡しのやつであれば断行までやって20万円ちょっとくらいが多いですね。

中堅 ベッドとかがあってもそのくらいの費用ですか。

若手 はい。

中堅 それをどこかに保管するのでしょうから、保管費用もかかるのですよね。

若手 はい、それも含めて20万円くらいです。

ベテラン 私が経験したケースでは、単身者のワンルームで50万円くらいかかったこともあります。だから一概にはいえないですよね。

新人 3 LDK になると100万円くらいするのでしょうか。

若手 そんなにいかないのではないかと思います。たぶん、50万円から60万円くらいのイメージです。ただ、先ほどの単身者のワンルームで50万円くらいかかったという事案を聞くと、やはり一概にはいえないことがわかりました。

ベテラン　依頼者との間で上限を決めるというのは駄目なのでしょうか。
　たとえば、実費分の15万円を超える部分は負担してもらうとかいうふうに。

若手　なるほど。そのやり方はあるかもしれませんね。

ベテラン　執行費用はやってみないとわからないことが多く、依頼者には
余裕をもって説明したほうがよいのではないかと思います。余裕のある金
額を説明をしておいて、依頼者から了解をとれたらやるという感じでしょ
うか。

若手　でも、実費で100万円とか200万円かかると言ったら、みんなやりた
がらないですよね。

ベテラン　戸建て住宅だと「○○万円かかる」というふうに例示する方法
もあるかもしれません。執行が始まってから、後で支払いたくないと言わ
れたら、こちらが困りますからね。だから相当しっかり説明しておかない
といけないと思います。実際に荷物を預かるというケースを経験したこと
はありませんけれど、すごく費用がかかりますよって言っておきますね、
私は。

中堅　明渡請求事件は、困りますよね。「こちら（オーナー）は賃料も支払
ってもらっていないのに、なぜ最後に、弁護士費用まで支払うんです
か？」というふうな文句を言われることもありましたね。

ベテラン　はい。でもそれは、オーナーリスクですよね。

新人　ちなみに、人が建物の中にいても、執行費用は同じなのですか。

ベテラン　別に人がいるかどうかは関係ないですよ。結局、荷物、荷物。

新人　人がその中で動かなかったらどうなるのですか。

ベテラン　死体があったら高くなると思うけれど、たぶん……。

新人　柱にしがみついたらどうなるのですか。

ベテラン　執行官が引きはがすと思いますよ。あと、警察が来ると思いま
す。

新人　警察……。

ベテラン　だって、抵抗する人や、それこそ包丁を振り回す人とかいない

わけじゃないですよね。

新人　それは費用に反映されないのですか。

ベテラン　それはそれで高くはならないですね。執行官が警察を呼んで終わりですね。私が経験した事例ですが、生活保護受給者を相手方とする建物明渡請求のケースで、事前にケースワーカーに連絡したことで、断行の前までに任意にその相手方が建物を明け渡したことがあります。

新人　そうなのですね……。

ベテラン　建物の中にいる人の事情によっては、生活保護の担当課に連絡する場合もありますね。

中堅　今、建物明渡請求の事件の相談を受けているのですが、その建物の居住者が、依頼者の元配偶者であるというケースで、しかも3LDKだということです。断行までしなければならないとすると、執行費用がいくらかかるのだろうと戦々恐々としています……。

10　離婚事件についての報酬でトラブルになるかもしれない

若手　50歳代の無口な夫側の代理人となって、妻が子を連れて家を出て別居したという離婚協議事件を受任して対応したところ、依頼者である夫が結果に不満だったのか、報酬を支払ってもらえなかったことがありました。

中堅　この時点で、「無口」ということが説明されましたけれど、これには何か意味があるのですか。

ベテラン　依頼者とコミュニケーションがうまくとれなかったということがポイントなのではないですか。

中堅　依頼者が無口で普段からコミュニケーションがうまくとれていなくて、しかも、子どもは取り戻せません、離婚しました、財産分与によりお金もある程度支払うことになりました、夫にとってはいいことが何もなかった、だから結果に不満で報酬を支払ってもらえなかったということでしょうか。

若手　事案の概要としては、そのようにご理解いただいて差し支えありま

せん。

ベテラン　夫としては、離婚を望んでいなかったのでしょうか。でも、離婚協議の事件において離婚をしたということなら、本人も離婚には最終的に合意したのですよね。

若手　離婚することに合意はしたのですが、当初は離婚を望んでいませんでした。

中堅　離婚にしぶしぶ合意したけど、離婚によって失うものばかりで得るものが一つもなかったという点に不満があったということなのでしょう。

ベテラン　でも、離婚協議で、離婚が成立したのだから、それ自体が一つの成果と考えられませんか。また、仮に妻から財産分与や慰謝料などの名目で金銭の支払いを請求されていた場合、たとえば1000万円を請求されていて、夫が支払う金額が500万円になれば、夫に経済的利益が発生すると把握することはあり得ますよね。

若手　そうなのですが、夫にとっては、離婚に合意したことも不満で、妻に何かしらの金銭を支払うこと自体も不満でした。

ベテラン　不満はあったとはいえ、やはり、離婚が成立すること自体が、離婚協議における一つの成果だと思いますが……。

新人　先ほど、夫は離婚を望んでいなかったということでしたが、離婚したくない側が、協議の結果として離婚に合意した場合、それは成果なり成功といえるでしょうか。

ベテラン　当初は離婚したくないと思っていても、離婚協議を通じて、そのまま別居し続けるよりは、離婚したほうがいいと思うこともあるでしょう。離婚成立に対する報酬は、紛争が終わったことに対する対価といえると思いますよ。

中堅　私もそうだと思います。委任契約書で離婚が成立した場合の報酬は〇〇万円であることを定めておけばよいと思います。もちろん、依頼者にも委任契約時にきちんと説明して理解していただくことも大事です。

新人　離婚したくない側の立場で、離婚が成立しなかった場合、それも成

果といえるでしょうか。

ベテラン　夫の立場であれ妻の立場であれ、離婚は断固拒否という依頼者はいると思います。離婚協議や離婚調停で離婚しないとの姿勢を貫けば離婚は成立しないわけですので、それを成果とみるかは、依頼者との委任契約の定め方といえると思います。ただ、離婚訴訟においては、訴訟の結果として、離婚請求が棄却されることはあるわけで、その結果を一つの成果とみることは当然ある話です。

若手　今回のケースは、依頼者との委任契約によれば、所定の計算に基づく報酬金が発生した事案です。経済的利益の点はともかく、委任契約書で離婚が成立した場合の報酬は〇〇万円であるときちんと定めていました。しかし、依頼者に報酬を請求したところ、依頼者から支払いを拒まれ、私としても、それ以上の請求をしませんでした。

ベテラン　依頼者から報酬の支払いを拒まれたことに対し、どのように対応があるかという問題はありますが、その点はともかく、喜んでというわけにはいかないにしても、依頼者から報酬を支払ってもらうためには、やはり、それ以前の普段からのコミュニケーションも大事ですよね。

若手　はい。私もそれを痛感しました。

11　預かり金口座について依頼者とトラブルになるかもしれない

中堅　依頼者が和解成立後に和解金全額を支払ったのに、相手方本人から「残金はいつ支払われるのか」と、依頼者に問合せがきたという事案がありました。

新人　どういうことですか。

中堅　依頼者は相手方代理人の預かり金口座に全額支払ったのですが、相手方代理人が弁護士報酬を差し引いて相手方本人に送ったのではないでしょうか。そこで、当時の相手方代理人が説明をしてないからだと思ったので、その弁護士に電話をしました。ところが、その代理人は「私は知りま

せん」みたいな感じの対応をしたのです。

若手　無責任ですね。

中堅　こちらとしては親切で電話してあげたのですが。結局、こちらから「依頼者は全額支払いました」という説明の書面を相手方に送りました。相手方としては、弁護士から十分な説明を受けていないので、もっと入ると思っていたのかもしれないですね。

新人　預かり金から弁護士報酬等を差し引いて、トラブルになることもあるのですね。

中堅　そうですね。このケースでは、相手方の弁護士のミスでこちらに不可解な請求がきて、依頼者が迷惑したところで終わりましたが、場合によっては、支払ったはずなのに何かまたトラブルになって、私が依頼者からクレームを受ける可能性もあると思いました。

ベテラン　法的手続の関係だと、「判決」と「強制執行」の違いがわかっていない依頼者がいますね。判決をとったら、自動的にお金をもらえると思っている人が結構います。最初にどれだけ説明しても、また執行段階で、「また弁護費用を支払うんですか」と言われるので。あれは苦労しますね。

新人　判決の段階で、報酬はもらっていますか。

ベテラン　最初に報酬の説明はしていますが、もらえないこともありますね。

中堅　とりあえず判決に意味があると思っている依頼者、たとえば企業の場合などは判決だけでも報酬を支払ってくれます。

ベテラン　少なくとも事件を受任するときに、「この事件、勝っても回収できないですよ。だけど判決をとるまでが仕事だから、その時点で報酬は発生しますよ。それでもいいならやりますよ」という説明をすることはあります。それでも何となく報酬はもらいにくいですよね。

若手　私は、預かり金から弁護士報酬を控除して清算する際に困った経験があります。事件が和解で解決し、相手方から弁護士の預かり金口座に全額の送金があり、そこから報酬を差し引いてお返ししたら、「なんでこん

なにひかれるんですか」とすごい剣幕で連絡がきました。

新人　報酬の額は事前に伝えていたのですよね。

若手　当然、委任契約書で報酬の計算方法を定めていましたし、和解の前にも「報酬は○○%です」と伝えました。いざそのとおりに計算して報酬を差し引いて送金したところ「こんなに引かれるのか」となったのでしょう。

ベテラン　報酬は定額ではなく、経済的利益に対する割合で定めていることが多いでしょうから、解決の見込みが立った段階で早めに金額の確認をしておいたほうがいいですね。また、代理受領した金員から報酬金や実費を相殺することは、依頼者の承諾があることが条件です。委任契約書で明確に定めておくべきですし、実際に相殺するにあたって、あらためて額を明示して確認を求めるといった慎重な対応が必要です。

中堅　私は、和解する前に、和解金がこの金額だと弁護士の報酬はいくらになるから、実際に入るのはこの金額になりますと言っておくこともあります。たとえば、500万円が支払われる事件では「500万円から弁護士費用50万円を差し引くからあなたが受け取るのは450万ですよ、それでもいいですか」みたいな感じで言っておきます。

新人　依頼者から、「相手方からの回収金を弁護士の口座ではなく自分の口座に入れてください」って言われたらどうしますか。

若手　言われたことがあります。どうしようと思いましたが、断れなくて……。その後、無事報酬はもらえたのですが、すごく不安だった記憶があります。

ベテラン　事件処理として送金先を弁護士の預かり金口座とすることのメリットはあるのですが、依頼者がそのように希望する以上、断ることはできないでしょう。報酬の担保のために預かるわけではないですから。

新人　仮にそう言われたにもかかわらず弁護士の預かり金口座に入金して報酬を引いてしまったら、トラブルになりそうですね。

中堅　私は必ず弁護士の預かり金口座に入金してもらっています。

若手　でも、裁判所で、依頼者が「弁護士の口座じゃなくて自分の口座にしてください」と言ったとしたら、裁判所は依頼者の口座にしますよね。

新人　そこで揉めて、依頼者から和解できないとか言われたら、どうしますか。

中堅　そういった経験はありませんが、悩ましいですね。

ベテラン　そうならないように事前の説明がとても重要ですね。

若手　別の事案なのですが、300万円を交渉で請求するという事件を受けて、その後裁判するという流れになりました。内容証明郵便を出してから300万円を請求する訴状をつくったのですが、内容証明を出した後に、依頼者が普段使っていない口座に180万円が振り込まれていたことがわかったのです。そこで、残額の120万円を裁判で請求して、和解で全額回収できたので、300万円を基準に報酬契約書どおりの成功報酬を請求したら、「裁判したのは120万円だけですよね」と言われてしまいました。だけど、内容証明を出したから180万円が入ったのであって、弁護士の介入があって初めて得られた金額なので、「これをあなたが放っておいて入りましたか」と言って、ちょっと揉めてしまいました。

新人　報酬契約書の受任内容には、何と書いてあったのですか。

若手　受任内容には想定される請求金額300万円で、交渉と代理申請と書いてありました。

中堅　交渉が委任内容に入っているのであれば、それは報酬の基準になりますね。

新人　内容証明だけで300万円入ってきたときには、300万円に対して報酬をもらえるわけですよね。

若手　だから入っていますよねと言ったのですが、依頼者は、「裁判する前に入ったお金は関係ない。先生がいなくても入ったはずだ」とか「私の口座に入っていたのに」と言われてしまいました。

新人　そういう依頼者はいますよね。

ベテラン　そういう場合には、もう少しうまい言葉で説明して、依頼者に

納得してもらう必要がありますね。

中堅　相手方は嫌がらせのために、その口座に入れたのでしょうか。内容証明では弁護士の預かり金口座を指定していたのですよね。

若手　そうです。

ベテラン　その依頼者は一部入金した事実をすぐに教えてくれたのですか。

若手　内容証明郵便を出した後、相手方から連絡がないまま2か月くらい経って、「じゃあ、もう裁判やりましょう」という方針で300万円の訴状をつくって依頼者にも事前に送っていたのですが、ちょうど訴訟提起した前後に2回に分けて入金があったようです。普段は使っていない口座だったようですが、たまたま生活費を引き出そうとしたら、残高がものすごく増えていたので、なぜだろうと思って確認したら、「実は入金がありました」っていう状況でした。それはすぐに教えてもらったので、訴えの変更で減額したという経緯でした。

ベテラン　相手に対しては減額することになりますが、トータルにすると依頼者としては、少しずつだけど回収ができているわけでしょう。そういうときに、「回収できた、内容証明でも回収できた、訴訟したらまた回収できた、弁護士に依頼してよかった」ということをちゃんとわかってもらうために、うまく説明をしないといけませんね。

若手　しかも、その事件は「着手金ゼロでやってくれ」と言われていたのです。要は普通のパーセンテージでいう着手金と成功報酬を合わせたものを報酬として、交渉でも回収できたら支払ってくださいねという契約にしていたのです。

中堅　そうであれば、堂々と報酬をとることができるはずですよね。

若手　はい。堂々ととれるはずなのに、すごくごねるので10万円ぐらい減額してしまいました。

新人　減額したのですか。なんだか後味が悪いですね。

若手　すごく後味が悪かったです。

ベテラン　私の経験からすると、「着手金をゼロにしてください」と言って

くる依頼者は、後から揉めることが多い気がします。着手金をゼロにする
から最終的な報酬を規程よりも高くするという話だったら、ある程度わか
ります。ですが、事件解決後に着手金を報酬と合わせて支払うことにする
と、要するに報酬をとれなかった場合は弁護士の責任でその仕事をするこ
とになるでしょう。私は、依頼者のそういう考え方ってあまり好きではな
いですね。

若手　その事件は、実は、顧問先からの紹介で、「お金がない人だから、何
とかそういうふうにしてもらえないか」と言われていたので、仕方なくそ
うしました。

ベテラン　そういう事情があればわからなくもないですね。私も着手金を
ゼロにしてあげるのは、本当に信頼できると思った人だけですね。

中堅　私は、ボスから「着手金ゼロだと依頼者が一生懸命にならないから、
途中で嫌になっちゃうから、絶対駄目だ」って言われていました。そこで、
「着手金をゼロにしてください」と言われても、「1万円でも2万円でも構
いませんからお願いします」と言っています。少しずつでも支払ってもら
わないと、依頼者が本気になってくれないと思います。

若手　でも1万円程度をもらうより、「着手金ゼロでやってあげましたよ
ね」と言うほうがいいという考えはありませんか。

中堅　実際には、1万円、2万円で受任するというようなことはほとんど
ありませんが、とにかく、支払能力の範囲で支払っていただいています。
「1万円ずつの分割でもいいから支払ってもらえれば受任しますが、ゼロ
では絶対にお受けしません」ということははっきりと言いますね。

ベテラン　かつては、着手金ゼロこそ職務基本規程で禁止すべきだという
議論もありましたよね。訴訟をギャンブルにするから、アメリカみたいに
着手金ゼロの完全成功報酬制でやるのはよくないという議論はあるようで
すが。

新人　生活がぎりぎりで本当に支払えない人は、法テラスを利用すること
が考えられますね。

ベテラン　着手金をゼロにした場合、報酬規程を抜きにして考えれば、成功報酬で４割くらいもらわないと割に合わないというのが体感ですね。結局そういう事件は受任するときに大丈夫だと思っても、実際には山あり谷ありだったりすることがありますから。

中堅　そうですね。

ベテラン　それでいて事件が終わってみると、成功報酬４割でも本当に見合うのかなと思うことだってあります。私も何回か着手金ゼロでやったことがありますが、４割方式でやっても得したと思ったことはほとんどありませんでした。

若手　着手金をゼロにしても、成功報酬が４割・５割になると、報酬をとりすぎだと言われる可能性がありませんか。本来の基準の着手金・報酬金を合わせた金額を超えていると、後から依頼者に何か言われそうですよね。

ベテラン　だからそれは賭けですよ。ギャンブルというべきかもしれないけれど。

中堅　「成功報酬を半分支払うから、着手金ゼロでやってください」というような依頼ですね。そういう場合でも、私は、少しでもいいから着手金を支払ってもらって、その代わり半分は要らないから報酬３割をもらうような感じにします。勝てる事案なら、本当は半分もらったほうが絶対いいなと思いつつも、そうしていますね。

新人　内容証明と交渉だけですぐに事件が終わった場合、依頼者から「こんなに簡単なのに報酬が高い」と言われることがありますよね。

ベテラン　かといって、事件処理にすごく長い期間かかると、弁護士の能力を疑い始めますからね。

若手　早く終わったときは、「弁護士の腕がいいから」「事件の筋がよかったから」と思ってくれればいいのに、「先生、あれしかやっていませんよね」と言われたら堪りませんね。

中堅　弁護士の報酬はみんな自分の懐に入ると思われるじゃないですか。たまに大きい案件があって弁護士費用が１件500万円ですというときに、

　たとえば依頼者の年収が500万円だったら、「この弁護士は１件でそんなに報酬をとるんだ」という感じになりますよね。でも、弁護士は事務職を雇っていて、事務所の賃料も支払っているから、500万円なんか数カ月でなくなってしまうのですが、そこはわかってくれないですよね。

新人　会社経営者のほうがわかってくれそうですね。

中堅　そうですね。中小企業の経営者だと、「弁護士の顧問料は月５万円しかかからないんですか」と言う人もいますね。

ベテラン　時給を基準に考えてしまう人もいますね。だから法律相談の１万円が、時給１万円ですごく高いと思っている人がいます。

新人　報酬の請求は皆さん苦労されているようですね。

中堅　報酬を請求するのが一番ストレスが溜まりますね。お金の部分だけほかの人がやってくれたらいいのにと思います。

ベテラン　弁護士が約束どおりの報酬をもらうために、弁護士会が支援するしくみがあってもいいのではないかと思いますね。

Chapter

IV

第４章 事務所の運営

1 事務所で案件を管理しないと利益相反に該当するかもしれない

若手 利益相反が問題になるケースとして、同じ事務所内の弁護士が当事者双方の代理人になってしまうケースが考えられますね。同じ事務所内での弁護士同士は、他の弁護士が抱えている案件の把握はできているのでしょうか。

中堅 新規で事件を受けるときは、依頼者と相手方の氏名、そして案件の概要を事務所内メールで流します。

若手 そうなのですね。

中堅 利益相反に該当する場合の断り方に困ることがありませんか。

ベテラン そうですね。たとえば、離婚相談で、初めは夫から相談があって相談レベルで終わった後に、次にその妻が相談に来るというケースがありますね。まさに利益相反に該当するため、妻からの相談は受けられませんので断らなければいけません。その場合は、夫から離婚相談を受けたとは言えないので、仕事が忙しいとか、担当弁護士が最近体調を崩しているなどの理由で断るのですが、私の事務所は弁護士が多くいるので、誰かは手が空いていますし、その全員が病気になるわけがない。私も、そのときの断り方にはすごく悩みます。

若手 それは悩みますね。事務所内で抱えている案件はどのように管理していますか。

ベテラン 私の事務所では全案件をシステム管理しています。依頼者や相手方の住所と名前などの事件情報を登録しておきます。

若手 それは、機械的に管理しておくということですか。

ベテラン はい、そして、受任する前に検索してチェックしておきます。

新人 いわゆる「コンフリクトチェック」というものですか。

ベテラン はい、そうです。大きな法律事務所では、やっているところは多いと思います。

中堅 規模の小さな事務所だと、事務員が事件を把握していることが多いですよね。また、私がかつて所属していた事務所はボス２人で、アソシエイトが私１人だったので、私は全部の事件を知っていましたから、あえてコンフリクトチェックを行う必要性は低かったです。ただ、弁護士の部屋が分かれ、部門も分かれていくと、他の弁護士がどのような案件をやっているのかがわからなくなります。そうすると機械的に事件情報を管理する必要が出てくると思います。

ベテラン そうですよね。それで、事務局が案件の管理システムをチェックして、さらに全弁護士に対してコンフリクトチェックをすると、確認がとれるまでに１日は待たないといけないときがありますよね。

若手 どこの事務所も基本的にはそのようなシステムがとられているのですかね。

中堅 どうなのですかね。うちの事務所では、管理システムで案件を全部記録しているので、相談を受けて事務員さんに検索してもらって、管理システムに引っかからなければまず大丈夫でしょうし、特に気になる案件の場合などは個別に確認するまでは受任しないということもあります。あとは、月に１回事務所会議をやっていて、そのときに全弁護士が、その１カ月間に受けた事件を紙に全部ピックアップして全員に配ります。また、勉強になる事件などがあったらその都度、報告会をやっていますので、他の弁護士が抱えている案件はその報告会でもある程度は把握できます。

ベテラン 私の事務所でも報告会はやっています。私の事務所は債務整理案件けっこう多いのですが、借金のことは人に言いたくないじゃないですか。妻には秘密っていうことで夫の債務整理を受任したら、今度は妻から夫には秘密と言われて妻の債務整理を受任することがあります。このようなケースは、そもそも利益相反にはあたらないですよね。

中堅 ええ。そう思います。

ベテラン ただ、利益相反にあたらない場合でも、夫婦それぞれの情報を知っているので苦労します。

中堅　そうですね。お金をどこで借りているかも言えないですよね。

若手　はい、○○金庫からいくら借りているというのも依頼者の秘密になりますからね。夫婦であったとしても依頼者の了解なしには言えません。本当に気を遣います。

中堅　違う例になりますけど、不貞行為が原因で妻が夫に離婚請求をした事案なのですが、その事件の終了後2年くらい経ってから、今度は、その夫の不貞相手の女性が離婚相談に来たことがありました。不貞相手の女性も結婚していたということです。これは気づかなかったですね。それで、いろいろ事情を聞いているときに事件の相手方であった夫の名前が出てきたのです。「あれ？　これはどこかで聞いたことがある名前だな」と思って……。

ベテラン　聞き覚えがあったということですね。

中堅　はい。相談後にその事件の資料を確認したら、やはり、間違いありませんでした。不貞の相手が離婚相談に来るなんて、まさか想像もしていなかったです。

ベテラン　利益相反の点からは難しい問題ですね。もし前の離婚請求が係争中でしたら利益相反に該当しますよね。

中堅　ええ。そうだと思います。

若手　そうですよね。

2　弁護士・事務員の間で恋愛関係のトラブルになるかもしれない

若手　同期の弁護士から聞いた話なのですけれど、男性のイソ弁が事務員の女性にストーカーをしているとの疑惑があったため、よくよく調べたところ、実は、事務員がイソ弁にアプローチをかけていて、それをイソ弁が断ったことをきっかけとしてストーカーに仕立て上げられるところだったという話がありました。

中堅　恋愛関係のトラブルは、男女を問わず、また、法律事務所だからと

か弁護士だからどうだというわけではなく、やはり起こりうることなのでしょう。

ベテラン　それは、そのとおりなのでしょう。

中堅　私も、男性の弁護士からの相談で、やっぱり事務員の女性から告白されて、それをお断りしたら、頼んだ事務作業をしてくれなくなったとか、ボス弁にあの弁護士はどうこうとか言われて事務所に居づらくなったという話を聞いたことがあります。

ベテラン　業界の実態として、男性の弁護士の割合が多いこと、事務員としては女性の割合が多いことは事実なのでしょうが、男性の弁護士が……とか、女性の事務員が……というとらえ方をするのは、あまりにもステレオタイプすぎませんか。

中堅　問題意識として、所属する人間の数が少ない範囲、つまり小さい法律事務所内の人間関係のトラブルの一つとして、恋愛関係のトラブルも当然ありうるという視点でそのリスクを議論するのがよいかと思います。

若手　どうやってリスク管理をしたらいいのでしょうか。事務所内の恋愛禁止にすればいいというわけではない……。

ベテラン　こればかりはなんともしがたいのは否定できませんが、それでも、一人の弁護士として、トラブルに巻き込まれないよう注意するという視点は大事だと思います。

中堅　大手の事務所は人数が多いことから、万が一恋愛関係のトラブルが生じても、たとえば担当を替えるなどの方法によって対応できるかもしれませんが、小さい法律事務所だと、たとえば、男性の弁護士が１名とか２名、女性の事務員も１名か２名のようなケースも決して少なくないわけで、それこそ、恋愛関係のトラブルによって、誰かが事務所を辞めていくという話に発展する可能性があります。

若手　それでは、誰にとっても不幸な結果ですね。

ベテラン　ヒヤリハットという観点でいうと、こういう事態が発生するとどういうリスクが顕在化するか、つまり、弁護士にしても事務員にしても、

実際上の問題として事務所を辞めなければならないという結論にまで発展することになりかねず、それこそ一人の弁護士なり事務員が辞めたら、その法律事務所にとって大きな痛手になりかねないというリスクを把握する必要があると思います。

新人　私の同期の弁護士は、同じ事務所の事務員と付き合っていました。今はもう別れたとのことですが……。

中堅　それもリスクの観点からいうと、別れた後にセクハラされたと言われる可能性がないかと心配になります。

若手　今は LINE などでお互いのやりとりの履歴が残るから、お互いの合意は証明しやすいといえそうな気もします。

中堅　セクハラで訴えられた場合、弁護士の立場と事務員の立場、それを上下関係という言い方もできるかもしれませんが、そうだとすると、LINE の履歴があれば大丈夫、というわけにはいかないでしょう。私は、セクハラとか性的被害に関する研修をやった機会がありましたが、性的被害を受けた翌日に御礼のメールなどを送っていたとしても、それはその特殊な心理状態のものだからメールがあればお互いの合意を証明できるということにはならないという事例をあげて説明をしたことがあります。

ベテラン　立場上仕方なく、「大丈夫よ」と言ったという可能性もあるわけですから。

中堅　結局、事務所によって、人数構成や性別の事情はさまざまであるし、男女問題のリスクを一括りにはできないけど、事務所の経営なり運営にあたっては、そういうリスクがあるって知ってるのと知らないのとでは大違いですよね。恋愛関係に発展する場合があるにしても、現実に発生しうるリスクをしっかりと知っておく必要がありますね。

3　事務員の待遇や服装でトラブルになるかもしれない

中堅　事務員の給料はどのように設定していますか。賞与はありますか。何か差をつけると不公平感が出てしまいますし、かといって、全くいっし

ょというわけにもいかず……。年次昇給などの制度はありますか。

若手　私は数年前に独立して事務局 2 名を雇用していますが、1 名はフルタイムで、もう 1 名は子どもがまだ小さいので、午前10時から午後 4 時かつ水曜日休みというような形です。そのため給与には明確な差があります。

中堅　理由があればよいのでしょうね。

ベテラン　私のところは、事務員の給料は年次ですね。つまり、入所した時期により給料に差はあります。

中堅　それで不満が出ることはないのですか。

ベテラン　年次で少しずつ上がります。賞与は○カ月分というのではなくて、○%という形ですね。年次昇給があるということになります。

新人　退職金はあるのですか。

ベテラン　一応あります。中退共（中小企業退職金共済）に入っているので。

若手　みなさんの事務所には、就業規則はありますか。

ベテラン　私のところは従業員が10名未満の事務所で就業規則を作成する義務がないため、ありません。ないけれど、何かつくろうかとは思っています。最近、事務員がデニムをはいてくるのですよね。デニムを禁止にしようかなと思って……。私としてはちょっとデニムはないのではないかと思っているので。

中堅　最初に言わないと、なかなか途中からちょっと言いづらいですよね。

若手　うちの事務所はデニム禁止ですね。

中堅　デニム禁止はいいんじゃないですか。ドレスコードとして指定しても、そんなに厳しくはないと思います。

若手　採用のときに何も説明しなくて、半年くらい経ってから、「駄目だよ、その格好」というふうに言うのはどうでしょうか。

中堅　それはよいのではないでしょうか。常識の範囲内だろうと思います。

ベテラン　ドレスコードをつくりたいという思いもあって、就業規則をつくろうかなと思っているのですよ。ただ、いざ、就業規則にドレスコード

を規定しようとしても難しいのですよね……。それちょっとと思っても、たとえばＴシャツは駄目とも言えないし……。

中堅　Ｔシャツは駄目ではないでしょうか。

ベテラン　Ｔシャツといってもけっこう今いろんな物があるから、何をもってＴシャツと呼ぶか、みたいな……。

若手　襟が付いてるか否かみたいな基準を使うのはどうでしょうか。

中堅　確か、襟はなくてもフォーマルの場合はありませんか。

ベテラン　特に女性の場合、襟が付いていないのもあるので難しいですよね。ある程度フォーマルなものくらいかな。

若手　そうすると、デニムに流れやすくなるんですね。

ベテラン　デニムはやはり駄目にしたいですね。

中堅　デニム禁止は早く言っておいたほうがいいですよね。スーツかそれに準じる服装でいいのではないでしょうか。

ベテラン　でもスーツをもっていない人もいますよね。

中堅　襟とボタンがあるものというようなことですね。ところで、みなさんは、入所のときに何か服装のことを言われましたか。

若手　入所のときは何も言われませんでした。まぁ常識の範囲で。

中堅　修習生は、デニムとＴシャツで行ってよかったのでしょうか。スーツということでしたでしょうか。

若手　デニムとＴシャツは駄目でしょうね。

中堅　社会人だからといういうことですよね。多分、スーツはそういうことなのでしょうね。

ベテラン　スーツではなくて、ジャケットを着ているだけの人もいたような気もするけれど……。

中堅　デニムは駄目と言ってよいのではないですか。特に規程として定めてなくても。

ベテラン　就業規則で、何かドレスコードをつくりたいという発想が、まずあるんですよね。

若手　短パンも駄目でしょうね。

新人　素人質問で恐縮ですが、法廷というのは、服装は自由なんですか。

中堅　自由です。

若手　自由……。ほんとうに何も言われないのですか。

中堅　時々、「えっ？」と思うような服装の弁護士もいますね。

若手　実際にいるんですか。

中堅　研修に短パンで来た弁護士がいますね。うちの弁護士会でした。

ベテラン　アロハシャツにサンダルでしたよね、確か……。

中堅　民事でも刑事でもけしからん、と思います。直接注意はしないですけどね。

ベテラン　法的には別に問題ないわけですからね。家事の裁判官でも、意外とカジュアルな格好の方がいる場合がありますよね。

中堅　裁判所は、ドレスコードがスーパーカジュアルな印象があります。ポロシャツはオッケーというような。

ベテラン　だから最近、裁判所がああなんだから、別に上下揃いのスーツでなくてもいいのかなという感じはするのですよね。

中堅　裁判所もスニーカー通勤とかやっているのですかね。スーツにスニーカーみたいな……。

若手　どうなのでしょう……。

4　職場に子どもを連れていかなければらならないかもしれない

若手　先日、弁論準備手続期日に、相手方代理人が１歳くらいの子どもを抱っこしてきたことがありました。子どもは寝ていました……。

中堅　裁判官は何か言いましたか。

若手　言っていませんでした。

ベテラン　そのとき、当事者欄に子どもは記載しましたか。

若手　代理人とその子の名前が書かれていました。

ベテラン　事実上の参加者という感じなのでしょうか。

若手　でも何歳だと裁判所から指摘されるのでしょうね。

中堅　私も子どもを連れていったことがありましたよ。4歳の子でした。

若手　4歳ですか。しゃべることができるくらいだと何か言われることがあるのでしょうか。

中堅　幼稚園に迎えにいって、その後に期日にそのまま連れていきましたけど、子どもには一言もしゃべらないでね、と言いました。

新人　期日で子どもが「そんな金額じゃいやだよ」などと言ったらどうしますか。たとえば、「お父さん、相手ケチだね」というふうに。

中堅　弁護士もそれぞれ事情があるわけですから、連れていかざるを得ない場合もあるでしょうし、しょうがないのではないかと思いますけれども……。

ベテラン　以前、女性議員が、議会に子どもを連れてくるという話から、女性が職場に子どもを連れていくかどうかという論争がありましたよね。私は、緊急事態ならよいのではないかと思います。

中堅　私が子どもを連れていったのは、うちの妻が病気になってしまい、私が子どもの面倒をみなきゃいけないという状況でした。

ベテラン　緊急みたいな感じですね。もっとも、ベビーシッターに頼んだりとかして、期日には子どもを絶対連れていかないという弁護士もいるでしょう。

中堅　よいのではないでしょうか、子どもを連れていっても……。誰も不利益を被らないから。

ベテラン　お客さんに何か言われたら……という思いをもつ弁護士がいることも否定できないと思います。

若手　子どもを連れていく場合、裁判所の手荷物検査を受けなくてはならないのですか。子どもは受けなくてもよいのでしょうか。

中堅　確か手荷物検査を受けずに、弁護士入口のほうから普通に私といっしょに通りましたね。

若手　何歳から止められて、手荷物検査を受けることになるんですかね。誰にも迷惑かけてないんだから、別に止められなければ別にいいのか……。

ベテラン　男性と女性とで違う面はあるかもしれないけど、緊急事態になったらこの人に頼むとかやっておくということも必要なのだろうと思います。緊急のルートを確保しておく必要があるということです。

中堅　子どもが1人でお留守番できるなら連れていかないわけですけど、それができない人は連れていっても差支えはないというのはあるような気はしますけどね。参考として、前日までにわかっていればの話ですが、帝国ホテルの託児所が便利ですよ。前日の午後5時までに予約する必要がありますが。

若手　金額はいくらでしょうか。

中堅　私が利用したときは2時間で5,500円でした。

若手　そうなのですね。帝国ホテルの中にあるのですか。

中堅　はい、中にあります。

5　事務所のパートナー間でトラブルになるかもしれない

新人　パートナー同士では、どういう問題が起きますか。お金の問題でしょうか。

若手　大手の事務所でも分裂したりしますよね。

中堅　パートナーの解消は、原因はやはりお金に関連するのではないかと思いますね。

ベテラン　そうだと思います。

中堅　経費の負担の考え方とか。

ベテラン　まあ、大体は経費負担を軽くしたいからではないでしょうか。みなさん、経費効率をよくしたいからパートナーになるわけであって。

中堅　中規模の事務所でも組合契約書みたいなものをみんなしっかりとつくっているのですか。

ベテラン　多分やっているのではないでしょうか。みなさんの事務所で、

契約書を作成しているところはありますか。

若手　私の事務所のパートナーは、契約書を交わしていません。

中堅　口約束ですね。なぜでしょうか。

ベテラン　信頼関係なのだと思います。

若手　1年に1回、会議でこういうふうにしましょう、という感じです。

ベテラン　最近若手の弁護士で、何人かで集まってる事務所がありますけど、しっかりと契約書をつくっているのかなと思うことがあります。

若手　収支共同なのか経費共同なのかにもよると思います。

中堅　パートナー関係についても、しっかりと書面をつくっておきましょう、弁護士なのだから、と思います。

6　事務所からの独立でトラブルになるかもしれない

若手　ここでは、弁護士の独立に関して話していきたいと思います。独立というのはどこの会社にもあるわけですが、業界によって特色があると思います。「弁護士の世界ではこうだよ」という話をぜひうかがいたいと思います。具体的には、独立を申し入れるタイミングや担当していた案件の引継ぎ処理などについてです。

新人　そもそも、独立するときに担当していた顧問先や事件を引き継ぐことはできるのでしょうか。

中堅　引き継ぐこともあるのでしょうけれど、特に顧問先の引継ぎは、結局は、ボス弁との関係によるのではないでしょうか。ボス弁と良好な関係で独立するのか、それとも、険悪な関係で独立するのか……。

ベテラン　そうですね。

中堅　ボス弁との関係が良好であれば、ボス弁と話し合って決めるのだろうと思います。たとえば、共同顧問という形をとることも考えられますよ。関係が良好であれば、独立後もいっしょに仕事ができますからね。一方で、ボス弁との関係が必ずしも良好でない場合には共同顧問という形はとりにくいので、顧問先を引き継ぐことは難しいのではないでしょうか。

若手　そうですね。ただ、依頼者によっては、ボス弁ではなく、独立後は実務を担当していた弁護士に顧問をお願いしたいという依頼者もいる気がしますが。

中堅　そのような依頼者もいると思います。ボス弁ではなく、これまでずっと相談してきた担当弁護士に今後も相談したいということもありますからね。

若手　依頼者との信頼関係の問題ですね。

中堅　はい。最終的には依頼者が選択することだと思います。

ベテラン　依頼者が担当弁護士を信用しているのか、ボス弁（事務所）を信用しているのかによって分かれますね。

中堅　そうですね。

ベテラン　どこの業界でも、根本は依頼者との信頼関係です。

若手　独立するのにベストなタイミングはあるのでしょうか。

中堅　基本的にはないと思います。案件はスパンが長いことが多いので、たとえば、1年単位で3月に独立するわけにもいかないと思います。

ベテラン　ですので、特に気をつけなければならないことは、やはり依頼者に迷惑をかけないということですよね。実務を担当していた弁護士が、独立後は「独立するので、あとは知りませんのでよろしく」ということになると依頼者に迷惑をかけてしまう。それこそ依頼者から「引継ぎが十分にされていない」というふうにトラブルに発展してしまうことが考えられます。独立するうえで依頼者に迷惑をかけないということが一番大事だと思います。

中堅　そうですね。事務所を移籍したときに、移籍先の前任者の先生が辞めていて、しかも、引継ぎができていないので案件の情報が残っていなくて、とても困ったことがありましたね。そのときは依頼者に嫌な顔をされながらも電話で何度も事実関係を確認しました。

若手　「もう一度最初からお聞きしますが……」みたいなことですか。

中堅　はい、そうです。

新人　ボス弁と複数のイソ弁が居る場合に、顧問先とはボス弁との顧問契約になるのが普通なのですか。

ベテラン　事務所によって扱いは異なると思います。

中堅　そうですね。また、弁護士法人は、法人との契約になりますし。

若手　確かに、弁護士法人の場合は法人との契約になりますね。法人ではない場合はどうでしょうか。

中堅　契約主体はボス弁になることが多いのではないでしょうか。多くの事務所では、事務所名では顧問契約を結ばないと思います。

若手　イソ弁が友人の紹介で顧問をお願いされたときもボス弁との契約になるのでしょうか。

中堅　私が所属する事務所では、契約主体は私個人になります。ボス弁との契約にはなりません。顧問契約書は所属事務所名と私個人の名前で作成します。

新人　事務所によって扱いは異なるということですね。

中堅　そうですね。私の同期の弁護士は、弁護士法人ではないのですが、個人事件は基本的に受任できないのでボス弁の名前で顧問契約をするようです。

新人　その顧問料はどうなるのでしょうか。

中堅　事務所に入るようです。正直、びっくりしました。私の事務所では、個人で事件を持ってきたらそれは個人案件ですから、弁護士費用もその弁護士がもらいます。そのうち一部を経費として事務所に納めるかは、事務所ごとによって違いますよね。私の事務所では、イソ弁の個人案件はそのイソ弁が全部もらってよくて、事務所に１円も入れなくてよいことになっているのですが、そのような事務所は少ない気がします。

ベテラン　それはうらやましいですね。多くの事務所では、個人売上げの３割くらいは事務所に支払うことが多い気がします。

中堅　そうですね、ただ、私が前に所属していた事務所では個人事件の納入割合が７割だったのですよ。

ベテラン　売上げの7割も事務所に入れなければいけないのですか。

中堅　そうです。個人売上の3割しか手元に残らないので不満が大きかったです。

ベテラン　法テラスや国選の案件もそうだったのですか。

中堅　そうです。特に法テラスや国選の案件は売上げ少ないので、そのうち7割納めたら手元にほとんど残らないのです。

ベテラン　それではモチベーションの維持は難しいですね。

中堅　正直、個人事件をやる気にはなれなかったです。

ベテラン　話が戻りますが、独立後に顧問先を連れていけるかどうかというのは、顧問先の会社の規模や顧問料などにもよるのではないですかね。

若手　そうですよね。多くの弁護士が所属していてマンパワーがある法律事務所だからお願いしている顧問先もあるかと思います。大企業は、独立する弁護士に付いていくことはまずないですよね。

中堅　確かにそうですね。ただ、独立する弁護士がその事務所の有力メンバーを引き連れて独立するということだったら、また話は別なのでしょうけどね……。

ベテラン　それだと独立というか、分裂ですね。分裂だと依頼者に迷惑がかかってしまう可能性が高いですよね。依頼者にとっては事務所内部のことは関係ないですし、依頼者に迷惑をかけて懲戒請求を受けたら大変なことになります。

中堅　依頼者に迷惑をかけるということでは、前任の弁護士に証拠の原本を預けたかどうかで問題になったことがあります。結局、その原本は見つかったのですけれど、本当に怖い思いをしましたよ。

ベテラン　預かっていた資料の引継ぎはそうですね。事件情報の引継ぎとはレベルが違いますね。

中堅　そうなのですよ。証拠の原本は、記録とは別に管理するルールなのですが、それが徹底されていないと前任弁護士がいなくなると大変なことになります。

若手　独立先の場所に関するルールはあるのでしょうか。

中堅　所属していた事務所の隣のオフィスに開業するというのはよくない
気がします。また、事務所の重要顧問先が入っているビルで開業するのも
よくない気がします。これは倫理上の問題ですが。

ベテラン　独立するのであれば、依頼者に迷惑をかけないということはも
ちろんですが、ボス弁にも一応配慮して独立しなければなりませんよね。
この業界は意外と狭いですしね。

Chapter

V

第5章 | 悩ましい対応と懲戒リスク

1　依頼者への助言により扶養義務違反になるかもしれない

若手　別居中の妻が給与振込口座を管理しているが、離婚にはなかなか応じてくれない、と夫から相談されて、「振込口座を変えたらよい」「婚姻費用は何か言われてから考えればよい」というふうにアドバイスをすることが時々ありますけれど、民法上の扶養義務に違反することを勧めていることになるので、よいのだろうかと思います。みなさん、もしご自身が同じ立場だったらどうしますか。

中堅　全くこのとおりアドバイスすると思います。婚姻費用は、最終的には調停や審判で決まることですし、逆に給与の振込先口座を変えなければ、妻に本来の婚姻費用額以上のお金を使われても困ります。

ベテラン　そうですね。前者の点は、給与債権は夫に帰属しているので給与振込先口座は変更しても問題ない気はしますね。後者の点は、妻から婚姻費用の請求を受けるまで支払わなくてもよいとのアドバイスは扶養義務との関係で悩みますね。

中堅　それは妻から請求を受けてから考えればよいのではないでしょうか。

ベテラン　私は、妻から請求を受ける前でも、夫に婚姻費用を支払ったほうがよいとアドバイスすることはありますね。

中堅　どのようなアドバイスをするかは弁護士の考え方にもよりますね。

ベテラン　そうですね。確かに、妻から言われるまではあえて婚姻費用を支払う必要はないという考え方も成り立ちうるかと思いますし、暫定的にでも支払ったほうがよい気もします。弁護士ごとによって考え方は分かれそうですよね。

中堅　別居中の妻の経済状況や子の有無などもアドバイスをするうえでは影響すると思いますね。

新人　弁護士職務基本規程との関係ではどうなのでしょうか。

ベテラン　弁護士職務基本規程とは関係ない気がします。

中堅　私もそう思います。

新人　ちなみに、婚姻費用の起算点はどの時点からなのでしょうか。

中堅　東京家裁では一般的に調停または審判の申立て時にさかのぼって婚姻費用を清算するというように調停が進められますよね。ただ、内容証明郵便で明確に婚姻費用請求をした場合には、その到達時にさかのぼるという審判例もあるみたいですね。

ベテラン　一般的に調停または審判の申立て時と考えられていますよね。

新人　支払うべき婚姻費用額の目安というのはあるのでしょうか。

中堅　依頼者には、「養育費・婚姻費用算定表」、いわゆる簡易算定表の婚姻費用を目安にとりあえず支払っておいたらどうですか、残りは正式に婚姻費用額が決まった後に清算すればよいですよというアドバイスをすることはありますね。

ベテラン　婚姻費用をいっさい支払わないことが親権や面会交流に不利に扱われることも嫌です。ただし、別居した者に別居原因がある場合、たとえば、不貞相手といっしょに住むために別居したときはそもそも婚姻費用の分担請求は権利濫用にあたることは主張します。

中堅　別居自体に反対している依頼者の中には、婚姻費用を支払うことで別居状態を事実上認めることにならないかということを心配される人がいます。婚姻費用を支払うことによって別居を容認することになるので支払えない、自宅に戻ってきてほしいということを主張することもあります。しかし、そのような主張が認められたことはありませんが……。

若手　婚姻費用とは別の問題として、子どもを連れて別居したいと妻から相談を受けたときはどのように回答すればよいのでしょうか。

中堅　それは非常に悩ましいですね。夫も親権者ですからね。

ベテラン　妻が子の主たる監護者であった場合はどうですか。

中堅　考え方は分かれそうですが、少なくとも妻が主たる監護者であった場合は子どもを連れて別居しても違法性があるとまではいえない気がします。しかし、だからといって、妻に子どもを連れて別居しても問題ないですよとは回答しにくいですね。

ベテラン　結局二択ですよね。子どもを置いていくのか、連れていくのか。

中堅　たとえば、夫婦一方の暴力などが明らかであれば、子どもとあなたの身の安全のために子どもを連れて別居したほうがよいですよと言いますが、そのような事情がない事案ではアドバイスは難しいです。

若手　そうですよね。

中堅　もし子どもを連れて別居したほうが親権の判断に有利に働きますよということを Twitter などに投稿したら大炎上です。

ベテラン　別居をする際に子どもを置いて別居するのか、それとも子どもを連れて別居をするのかは、子どもの福祉にとってどちらが好ましいかということを踏まえて個別的に判断しなければなりませんね。

若手　最終的には子どもの利益を第一に考えなければならないということですね。

中堅　ただ、結局は、子どもを連れていくのが好ましいというロジックをつくり上げることも可能ですからね。

ベテラン　先ほども言ったように、相手の子どもに対する暴力などが明らかで、子どもを置いて別居しては子どもの身に危険があるという事案であれば、子どもを連れて別居したほうがよいとのアドバイスができます。そのような事案でなければ、依頼者から聞かれてもはっきりとは言いづらいですよね。「子ども連れて別居をしてもいいですか？　いいですよね？」という質問に対して「うっ……」というふうに、一瞬言葉が詰まります。

中堅　現在、夫が子どもを連れて別居したケースを扱っています。家裁の調査官の意見書を見ると、別居をする際に夫婦でしっかりと協議したうえで子どもを連れていったのか、子どもを連れていく行為自体の妥当性がすごく重視されていた印象を受けました。主たる監護者はこちらだから、相手に黙って子どもを連れて別居してもいいのかというと、そうでもないような気がしました。そのため、子どもを連れていくときの対応には気を遣ったほうがよいと思いました。別居に至るまでに夫婦でしっかりと話合いをしたかどうかということです。DV などがあったら別ですけれど……。

若手 でも、別居前に子どもを連れていくことについて夫婦で話し合うことは現実的ではない気がしますが。

ベテラン 勝手に子どもを連れて別居したことが不利にとられたのですか。

中堅 はい、不利にとられました。少し具体的に話すと、夫側で、子と妻と3人で暮らしていたのですけれど、夫が自分のところで面倒をみたほうがよいということで、妻が日中に仕事に行っている間に、夫が子を連れて夫の実家に戻ってしまいました。妻とは別居する前に話合いは多少していたようですが……。

若手 なるほど。結局どうなったのですか。

中堅 まだ最終的な判断は出ていませんけど、「子の引渡しの保全処分を認めるべき」という調査官の意見が出ています。最終的には母親は強いなというのが正直な感想です。

ベテラン 逆に、妻が子を連れて別居していたらどうなっていたのでしょうかね。調査官も保全処分を認めるべきという意見を出さない気がしますね。

中堅 そうです。逆だったらその可能性は高いですよね。ただ、別居前に依頼者にアドバイスするときは、子どもを連れて別居するに至る経緯に気をつけたほうがよいという話はしますね。

ベテラン 夫が子を連れて別居する場合と、妻が子を連れて別居する場合では、何となく調査官が言うことは違う気がします。本音としては、お母さんが連れて行く場合は、「まあ何とかなるでしょ」と思いますが、お父さんが連れていくとなると何となく「おっ、気をつけてよ」というふうな感じがしますね。

中堅 私も感覚的には同じです。

若手 一般論にはなりますけれど、グレーな相談を受けたとき、よいですよと言えなくても、リスクを説明したうえで「あとはもうあなたが決めてください」というアドバイスをすることはありますか。

中堅 あります。最終的に決めるのは依頼者ですからね。ただ、依頼者の

中には、問題が生じた後になって「いや、あの先生がいいって言ったから」というふうに弁護士を使う人もいます。先ほどの話ですが、調査官から「何で勝手に子どもを連れて行ったの？」と聞かれたときに「いや、弁護士は別に問題ないというふうなことを言ってくれましたよ」とか……。

ベテラン　依頼者の中には弁護士のお墨付きがほしい人もいますよね。

中堅　まさにそうです。「弁護士から反対されなかったから、それはいいということですよね」って。あとで弁護士の責任問題に発展したら、まさにヒヤリハットです。

ベテラン　弁護士が保険に使われている感じがします。

中堅　そうです。

ベテラン　だからそのような回答をメールでしたら絶対駄目ですよね。

中堅　はい。メールと電話の使い分けは大事ですね。電話ではある程度は腹を割ってアドバイスするけれど、メールでは無難な回答をするという感じです。ただ、今は電話を録音されていることも考えられますので注意が必要です。

若手　今の話で思ったのですが、依頼者が「弁護士が言っていた」と多少嘘や誇張も交えながら言うという場合もありますか。

ベテラン　そうですね、ないとは言えないですね。

中堅　ある気がします。あるいは、依頼者が他の弁護士からグレーなアドバイスを受けたときに困ります。依頼者から「他の弁護士に相談したら問題ないと言っていましたよ」と言われて。

ベテラン　そういうこともありますね。実際に他の弁護士からそのようなアドバイスを受けたのかはわかりませんが。

中堅　やはり「禁止されていないから認められる」というアドバイスはリスクがありますよね。

ベテラン　拡大解釈というか、駄目と言われなかったことは何をやってもよいという発想ですね。

中堅　確かに、そうですね。あとは、付き合いが浅い依頼者には特に気を

194

つける必要があるかと思います。

ベテラン　そうですね。付き合いが長い依頼者だと、依頼者の性格や依頼者はこういうニュアンスで話をしているということはある程度わかりますからね。また、依頼者も弁護士との関係を崩さないために無理なことを言ってくることも少ない気がします。

若手　逆に、口頭ではなく、必ず文書で伝えることはありますか。

ベテラン　あります。後に責任追及を受ける可能性が考えられる場合には、口頭だけではなく、意識して書面に残すようにします。すべて書面で残すことは大変ですので、少なくともメールなどで残すようにします。

中堅　やはり注意が必要なところは、電話だけではなく、メールなどでのやりとりもするようにするということでしょうね。私も電話ではグレーな話をしていて、そこに関するリスクもきちんと伝えていたという部分はメールなどで送るようにします。

ベテラン　大体メールの冒頭では「先ほどお電話でお話しいたしましたが……」と書きますね。

若手　再確認という意味ですね。

ベテラン　はい、そうです。電話しながらメールを打っているときもあります。私の場合は、電話で話したことを箇条書きにしてメールで送ることもあります。メールで送っても嫌な顔をする依頼者はほとんどいないですし、むしろ、親切な弁護士と思われることが多いです。

若手　さっきの電話内容をメールでも送ってくれたという感じですね。

ベテラン　はい、そうです。依頼者にも何かあったらまずは相手方に電話で伝えておいて、その後に議事録的なメールをしても相手が嫌がることはほとんどないし、証拠にも残るということをアドバイスすることもあります。

中堅　でも、どこまで文書やメールで残すのかのさじ加減は、経験で見定めていくしかないですよね。全部が全部、私もやらないですし。

若手　逆に、これは口頭で伝えたけど、逆に、文字で残すとまずいなとい

うことはあえて省くこともありますか。

中堅　ありますね。

ベテラン　それも大事なことですね。依頼者によかれと思って伝えたにもかかわらず、後に責任追及を受けるおそれがありますからね。

若手　自分が記録に残したいことを書くということですね。

ベテラン　そういうことです。ただし、恣意的に選別するのは問題ですが。

若手　それでは、この事案でいう、「振込口座を変えたらよい」というのは書面に残しますか。

ベテラン　あえて書面では残さないですかね。

中堅　口頭で「まあ、やむを得ないのではないでしょうか。ただ、後で妻から何か言われるかもしれないですよ」ということは伝えます。

ベテラン　確かにそうですね。これ、やってよいですかと訊かれたら、「よいですよ」と言いますけれど、そのことをメールで書きますかと言われると書かない気がします。

若手　書くとしたら、「調停なり審判なりで婚姻費用が成立すると、給与債権に対する強制執行の可能性があるのでご注意ください」という程度でしょうか。

中堅　何をご注意するのかはわからないですけど……。ただ、「振込口座を変えてもよいですよ」とはメールでは書きにくいですね。

新人　振込口座の変更は、同じ回答をする弁護士も少なくない気がしますけれど、メールで残さないというのは、あとから何か突っ込まれる可能性があるからですか。

中堅　はい、もしこれが裁判になったときに、相手方の弁護士から「何であなた、こんなアドバイスをしたのですか？」と言われることもあり得ますからね。

ベテラン　あとは「弁護士からこんな話を聞きました」という依頼者もいますからね。それは先ほど出てきた弁護士のお墨付きみたい話です。

新人　依頼者に対する助言内容だけではなく、その伝達方法にも注意する

必要がありそうですね。

2　依頼者への助言により強制執行妨害になるかもしれない

若手　依頼者の中には、訴訟を起こされても「差押えが空振りになれば、敗訴判決をとられても全然痛くも痒くもないですよね」と平気で言ってくる人がいます。そのときの返答には困ります。このような経験はありませんか。

中堅　先ほどの扶養義務に関する事案と同じですかね。強制執行を受けるおそれがある際に、「口座からお金を引き出して空っぽにしておいたほうがよい」というようなアドバイスをしてよいかということでしょうね。あるいは「先方に発覚している口座にお金を残しておくと危ないですよねえ」というような独り言を言うのはどうかといったことですね。

ベテラン　そうですね。ただ、こちらのリスクはすごく高いと思います。扶養義務違反と強制執行妨害では次元が違う気がします。

中堅　確かにそうですね。刑事事件に発展する可能性がありますからね。これも、書面には絶対残さないですよね。

ベテラン　口頭でいうのも避けるべきだと思いますが……。

中堅　私も「口座からお金を引き出して空っぽにしておいたほうがよい」というアドバイスは、口頭でも絶対に言いません、もちろん。

ベテラン　教唆になりますね。

中堅　はい。絶対に記録には残さない前提だとしても「先方に発覚している口座にお金を残しておくと危ないですよねえ」という独り言も微妙な気がします。これも絶対に伝えないですね。ただ、強制執行を受ける可能性があることは言うかもしれません。実際に本当のことですからね。

ベテラン　あるとしたら、強制執行に関する一般的な説明ですね。不動産、預貯金、給料が差し押さえられる可能性はあるということを説明しますが、それ以上のことは言えません。

中堅　そうですね。後は私は関与しませんというスタンスでいるしかない

ですよね。

若手　かつて、依頼者から「相手方の弁護士は私の口座情報をどのような手段で調べることができるのですか、そういう制度はあるのですか」と聞かれたことがありました。弁護士会照会で相手の口座情報を調べることはできますよね。

ベテラン　はい。弁護士会照会で調べる方法に加えて、民事執行法の情報取得制度を活用する方法も考えられます。

若手　ただ、依頼者の中には口座情報を調べられる手段があることを知った途端に預金を動かすことも考えられますよね。

中堅　しかも、メガバンクなどは支店を特定しなくても、一定の要件の下で全店照会に応じますからね。

ベテラン　そうですね。かつては支店まで特定しなければいけなかったけれど、今は支店の特定が不要になりましたからね。金融機関にもよりますが。

中堅　全店照会は、金融機関が全支店の情報を一元管理していることが前提なのでしょうね。

新人　預金者はどのように特定していくのですか。

ベテラン　氏名、生年月日と住所で特定していきます。

中堅　ところで、令和元年の民事執行法の改正で、養育費等の扶養義務に係る債権や、生命・身体の侵害による損害賠償請求権などは給与債権に関する情報取得制度が新設されましたよね。

ベテラン　その制度で債務者の勤務先も特定できますね。話を戻しますけれど、依頼者に、民事執行法上の強制執行制度の一般的な説明はしますか。

中堅　聞かれたら説明すると思います。強制執行について聞かれても「言えません」というのもおかしいですし、依頼者から「知らないの？」とも思われてしまいますので。

ベテラン　確かにそうですね。

若手　依頼者から「支払わないと強制執行されるのですか」って聞かれた

らどのように答えますか。

中堅 「強制執行される可能性は十分あります」と答えます。

ベテラン でも、実際はそこから先が問題ですよね。強制執行を受ける可能性があることを前提にして「今、○○銀行に預金があるのですけど、どうしたらよいのですか。強制執行を受ける前にお金を引き出したほうがよいのでしょうか」と聞かれても、そこからは答えられない。一方で、「私の口座をどうやって相手は知るのですか。これも強制執行されるのですか」というふうに聞かれたら、先ほども言ったように強制執行制度の一般的な説明をすることになりますよね、きっと。

中堅 そうですね。それで、「相手は私の口座を知っているのですけど、このまま強制執行を受けるしかないのですか」というふうに聞かれたときが一番困りますね。あるいは、「何か回避する方法はないのでしょうか」と聞かれた場合ですね。

ベテラン そういう質問をする依頼者はいますね。「このまま強制執行を受けるしかないのですか」という質問する依頼者もいますね。

若手 泣き寝入りですかというニュアンスですか。

ベテラン そうですね。それを泣き寝入りというのであれば、泣き寝入りしてもらうしかないという話ですね。

若手 その依頼者にはどのように答えるのですか。

ベテラン たとえば、お金を借りている事案では「お金を借りたのでやむを得ないですよね」という答え方になると思います。

中堅 そうですね。私も「借りたものは本来、返さなければいけない。判決も確定しているわけですので」という言い方をすると思います。

ベテラン そうですね。もし依頼者に言い分があれば、裁判のときになぜ争わなかったのですかという話をしたうえで、そこまでいろいろ争う機会があったのに判決が確定したのだからやむを得ないのではないですか、ということを話します。

若手 依頼者に同情する事情があるときは強制執行を回避する方法を独り

言で言うというようなことはありますか。

中堅　それは言えないでしょうね。

ベテラン　判決が確定している以上はやっぱり言えないと思います。

3　被疑者からの伝言により証拠隠滅の幇助になるかもしれない

若手　覚醒剤の事件で、当番弁護で接見に行ったら、被疑者から、「妻に電話して、リビングにある机の引き出しの中身を処分してほしいと伝えてくれ」と伝言を頼まれたことがあります。さすがにその伝言は断り、「そのようなことを弁護士に頼むことではない」と怒りましたが、妻への連絡は一応しました。妻から警察が自宅に来るのかと聞かれたので、「捜索差押えに来ることはあります」と答えたことがある、という事案です。それを聞けば、気の利く妻であれば証拠になりうる物は捨ててしまうと思うものの、一般論を聞かれて答えるのはやむを得ないような……。みなさんは、いかがでしょうか。

中堅　この事案では「リビングにある机の引き出しの中身を処分してほしい」との伝言は断った、ということですよね。仮にそのことまでも妻に伝えたら証拠隠滅の幇助にあたる可能性があります。

ベテラン　それはそうですね。

若手　もし妻に連絡するのであれば、「夫が接見に来てほしいと言っている」との内容が限度でしょうか。

ベテラン　それならまあ考えられますね。

若手　もし妻に連絡したときに「警察が自宅に捜索差押えに来る可能性はありますか」と聞かれたらどのように答えますか。

ベテラン　被疑者からは、リビングに薬物などの証拠物があるかのような発言を聞いているので悩ましいですね。もしかしたら、妻が捜索差押えの可能性があることを知ったら証拠隠滅に及ぶ可能性もありますし……。

若手　そうですね。

ベテラン　ただ、捜索差押えの可能性がないとは言えないですよね。可能性としてはあるとしか……。

若手　ただ、それを聞いて妻が証拠物などを処分してしまう可能性もありますよね。

中堅　その可能性はありますが、それはもう弁護士の責任ではないと思います。

ベテラン　確かに弁護士としてはどうしようもないですからね。

中堅　あと、私は、被疑者からのよくわからない伝言はできるだけしないようにします。たとえば、被疑者から「Aさんに連絡するように」との伝言を妻へ頼まれたときは、それには何か隠されたメッセージがあるかもしれないので「伝言内容を間違えてはいけないので妻が接見に来たときに直接伝えてください」と答えるようにします。そのうえで「妻には接見を希望しているということだったら伝えます」と言います。また、「あそこに手紙を出しておいてくれ」という内容の伝言も怪しいので断るようにしています。

ベテラン　やっぱり伝えたくないでしょうね、わかります。私も接見に来てもらって直接本人に伝えるように言います。

若手　巧妙な暗号だったら、弁護士も気づかないこともあり得ますよね。

ベテラン　気づかない暗号だったらもう仕方ないけれども、何か怪しいと思ったらしっかりと断ります。

中堅　被疑事実や被疑者の属性、たとえば暴力団構成員などで、慎重さの程度は全然違いますよね。覚醒剤の事件で、しかも暴力団構成員が売人容疑で逮捕されている場合には、相当に気をつけます。あとは、接見禁止が付けられているケースでも慎重に対応します。接見禁止が付いている場合に被疑者から弁護士あてに手紙を出すからこの手紙を誰々に渡してくれと言われて実際に行った弁護士を知っています。新人弁護士さんでしたが。

ベテラン　それは完全にアウトです。新人弁護士さんは、依頼者の期待に応えようと熱心ではあるのですが、その反面、特に注意しなければいけま

せんね。

若手　その後はどうなったのですか。

中堅　その件は法律事務所に捜索差押えが入ったようです。

若手　懲戒請求もされたのですかね。

中堅　そこまではされなかったみたいです。なお、被疑者からの手紙は封印された状態で弁護士に送られてきて、その弁護士は中身を確認することなく、そのまま転送していたみたいです。

ベテラン　懲戒請求を受けなかったのはだいぶ昔の時代だったからではないですか。今だったら懲戒請求を受けてもおかしくない気がします。最近、被疑者から頼まれてメールを送った弁護士が懲戒処分を受けましたからね。だから、接見時の対応はすごく気をつけたほうがよいと思います。

中堅　少し話が逸れますけれど、振り込め詐欺の共犯事件で、私がそのうち一人の弁護人だったのですが、他の共犯者の弁護人が「弁護人になろうとする者」ということで私の被疑者に接見に来たケースがありました。しかも、その弁護人は「○○は言わないでほしい」と私の被疑者に言ってきたそうです。

ベテラン　それも完全にアウトですね。懲戒処分を受けてもおかしくない。

中堅　そうですよね。しかも、私の被疑者は検事にそのことを話して調書にも書かれていたようです。

若手　私が聞いた話でも、被疑者が民事事件の相手方であったときに、弁護人になろうとする者の立場で接見していた弁護士がいたそうです。通常では考えがたいけれど、弁護人になろうとする者の立場で接見を続けていたようです。

ベテラン　それはまた完全にアウトですね。接見交通権の濫用といえます。先ほどの話でも出てきましたが、接見禁止が付いているケースでは弁護士しか接見できないですよね。そのようなケースでは、外部との情報のやりとりは弁護士を介する以外に方法はないので、弁護士が証拠隠滅などに加担しないように特に注意を払う必要がありますね。

4　依頼者から懲戒請求されるかもしれない

中堅　刑事事件で逮捕された被疑者からの依頼を受けて複数の弁護士で共同受任していて、弁護士が交代で接見をしていたところ、連休中に誰も接見に行かず、そのことを理由に懲戒請求を申し立てられました。さらに、この案件は2件目の事件であり、その前に1件目の事件が終わって報酬金の支払いを受けていたのですが、2件目の着手金であるとして返還請求がなされました。領収書のただし書に1件目の報酬である旨を丁寧に記載していたため、1件目の報酬金の返金は免れました。

若手　この事案は、2件目は5名の弁護士で共同受任をしていたのですね。

ベテラン　5名ですか。それは多いですね。

中堅　はい。依頼者が勾留中に弁護士名鑑を使って、いろいろな弁護士に連絡をして依頼したようですね。

ベテラン　なるほど。そういうことですか。

中堅　それで、5名の弁護士が交代制で接見に行っていたのですが、連休中はどの弁護士も接見に行かなかったのです。そうしたところ、連休明けに勾留延長になったのですが、その依頼者は「弁護士が接見に来なかったから勾留延長になった」と言い出して、5名全員の弁護士に懲戒請求をしました。

新人　それは大変ですね。懲戒請求を受けたら、どのくらいで弁護士に連絡がくるものなのですか。

ベテラン　ケース・バイ・ケースだと思うのですが、懲戒請求の日から起算して1週間程度でしょうか。

中堅　実は懲戒請求の日の翌日も接見をしていて、依頼者からは懲戒請求したという話もなく、弁護方針について何事もなく打合せをしていました。そうしたら、懲戒請求書が事務所に届いたので、もう信頼関係が失われたとして内容証明郵便で辞任通知をしました。

若手　この事案だと、懲戒事由はないような気がするのですが、懲戒請求

の審理期間はどのくらいだったのですか。

中堅　１年半くらいかかりました。

若手　え、そんなにかかるのですか。

中堅　はい、しかも、懲戒請求を受けたら、答弁書を提出したり、呼び出しを受けたら出頭しなければいけません。答弁書の提出期限は結構短いですし、懲戒請求を受けたら１年半くらい結果が出るまで待たなければならないので懲戒事由がないと思っていてもやはり精神的な負担も大きいのです。

若手　それは結構な負担ですね。

中堅　しかも先ほど言ったとおり１件目は執行猶予判決が下され、その報酬金として20万円を受け取っていたのですが、そのお金は２件目の着手金であるとして依頼者から返還請求も受けたのです。

若手　結局、お金は返したのですか。

中堅　いいえ、20万円は１件目の報酬金なので返還していません。１件目の報酬金を受け取った際に発行した領収証にも「１件目の事件の報酬金として」としっかり記載しています。２件目の着手金は釈放後の後払いだったのですが、そのことも丁寧に領収証に書いていました。ただ、それでもこの事案は紛議調停になりました。

ベテラン　１件目の委任契約書も作成していたのですよね。

中堅　もちろんです。委任契約書では報酬基準を細かく記載していました。２件目も委任契約書を作成していたのですが、結局、着手金の請求はしていませんね。

ベテラン　この事案の教訓は、委任契約書と領収証はしっかりつくりましょうということですね。

中堅　そうです。後、依頼者から受け取ったお金がどのような趣旨のお金かを明確にしておくことですね。１件目の報酬として受け取ったお金を依頼者がそれは２件目の着手金と主張されたら、こちらが１件目の報酬金ということを証明しなければなりませんからね。この事案は領収証にそのこ

とを明確に記載していたので紛議調停でも証明が容易であり、言い分がきれいに通ったのだと思います。「弁護士職務基本規程30条で作成義務が定められているから、面倒だけど委任契約書を作成しておこう」という考えはよくないです。委任契約書の作成は弁護士の自己防衛でもありますので、事案の内容などを踏まえ、具体的かつ明確に契約内容、特に弁護士費用を委任契約書で定めておくべきだと思います。

新人　被疑者は弁護士名鑑を見て、いろいろな弁護士に連絡していたようですが、もし突然、被疑者から連絡があった場合、受任する気がなければ放置していてもよいのでしょうか。

ベテラン　放置はよくないですね。実際に放置して懲戒請求を受けた弁護士を知っています。弁護士職務基本規程34条では受任諾否の通知義務が規定されています。ですので、受任しないのであれば、そのことを明確に通知しておく必要があります。被疑者から受任許否の通知がなかったとして懲戒請求を受けるリスクがあります。

新人　その場合の通知は内容証明郵便で送ったほうがよいのですか。内容証明郵便でしたら費用もかかりますよね。

ベテラン　そこは考え方が分かれるとは思います。普通郵便で送るという弁護士もいると思いますし、留置施設の担当者に電話連絡で終わらせる弁護士もいると思います。ただ、私はトラブルを避けるために配達証明書付き内容証明郵便で通知を送るようにしています。費用の負担はありますが、立証の観点からはやむを得ないですね。

新人　ところで、懲戒請求の件数は年間どのくらいなのでしょうか。

ベテラン　日弁連作成の弁護士白書では、懲戒請求事案数は2018年が1万2684件、2019年が4299件、2020年が2254件とのことでした。そして、懲戒処分率はここ数年1％〜4％で推移しているようです。2018年は、特定の弁護士が狙い撃ちにされた懲戒請求が多発して社会問題になりましたよね。

中堅　ということは1年あたりの懲戒処分件数は、おおむね90件〜100件程度ということですね。

新人　どのような場合に懲戒請求を受けるのですか。

ベテラン　まずは、毎月、事務所に送られてくる「自由と正義」に懲戒処分事案が載っているのでチェックしたほうがよいですね。多くの弁護士はチェックしていると思います。

中堅　勉強になるから私は絶対見ます。生の事例ですからね。このようなことをしたら戒告処分や業務停止になるのかという大まかな感覚というものが掴めるようになるのではないかと思います。

ベテラン　あとは、弁護士会の会長あての懲戒請求は多いようですね。

中堅　懲戒請求自体は誰でもできますからね。

ベテラン　なお、21弁護士会に所属する弁護士全員を対象にした懲戒請求に対して日弁連は「懲戒請求制度は、個々の弁護士の非行を問題とするもの」として、受理しない方針を明らかにしています。

5　相手方から懲戒請求されるかもしれない

若手　もう一つ事案を検討したいと思います。建物明渡請求事件で自力救済に関与したことで弁護士が懲戒請求された事案があります。

中堅　実行に助言や関与するだけではなく、黙認する場合でも厳しく処分されるおそれがあるので、辞任してでも止める覚悟が必要でしょう。

ベテラン　建物明渡請求事件の自力救済としては、賃貸人が賃貸借契約中に玄関の鍵を変えてしまうことがあげられますね。

中堅　はい、たまに依頼者から「賃借人が賃料の不払いを継続するので鍵を変えてもよいですか」という相談があります。ただ、弁護士が「よいのではないですか」というアドバイスをしたら大問題ですよね。

ベテラン　そうですね。もしそのようなアドバイスをしたら懲戒処分を受ける可能性は高いですね。

中堅　私が最近担当した案件では、賃貸人である依頼者が、玄関の鍵を変えるだけではなく、部屋の中にあった賃借人の荷物を処分したということがありました。

ベテラン　それは不法行為で、弁護士が関与していたら完全にアウトですね。実際に荷物の処分に関して、賃借人から賃貸人に対する損害賠償請求を認めた裁判例もありますからね（大阪高判昭和62・10・22判時1267号39頁、浦和地判平成6・4・22判タ874号231頁）。

中堅　その相談は事後報告だったのでどうしようもなかったのですが、これが実行前の相談であれば絶対に止めていました。

若手　もしそれでも依頼者がやると言ったらどうすればよいのでしょうか。

ベテラン　全力で止めること、そして、止めたことを証拠で残すこと、それでも依頼者が応じなかったら辞任しかないでしょうね。

中堅　そうですよね。

若手　この建物明渡請求事件の自力救済と似た事案で、家賃不払いにより大家が電気を止めるという手段に出たが、冷蔵庫内の食材が使えなくなったことに伴い、大家が損害賠償を請求された事案があるようです。

中堅　夏の場合は熱中症、冬には凍死等と刑事事件に発展する可能性もあるので注意が必要ですよね。

新人　大家が電気を止めるというのはどういうことですかね。電気の契約は各賃借人が電力会社とするものではないですか。

ベテラン　物件の中では、大家が一括で電気契約を結んで、各賃借人に電気料金を請求することもありますね。

若手　この事案は飲食店の明渡しの強制執行だったのですが、賃貸人が電気を止めたので食材が腐ったとして賃借人から損害賠償請求を受けた事案でした。

新人　でも、元々賃料や電気料金を支払わなかったのは、賃借人ですよね。それでも、賃貸人が賃借人に代わって電気料金を支払い続けなければならないのは不公平な気がします。電力会社だって電気料金を支払わなかった場合に電力の供給を停止しますし……。

中堅　電力の供給停止が違法な自力救済にはあたらないとした裁判例（東京地判平成23・11・28WLJ）がある一方、電力の供給停止自体は自立救

済にあたりうることを摘示したものの、賃借人には損害がないとして賃借
人からの損害賠償を否定した裁判例（東京地判平成22・1・19WLJ）が
あります。

ベテラン　確かに慎重な判断が必要な問題ですね。ただ、この事案は最終
的にはお金で解決できる問題ですが、これが居住用物件であれば電気や水
道を止めて賃借人が亡くなってしまう可能性がありますので注意が必要で
す。賃貸借終了後も明渡しがなされない場合には、賃貸人や賃貸管理会社
が電気水道などのライフライン供給を停止することも、賃貸人や賃貸管理
会社の不法行為になると解説している書籍もあります。いずれにしても、
電力会社も電力の供給を止める場合には繰り返し警告するようですので、
少なくとも警告なしに電気を止めるということは避けるべきだと思います。

●研究会参加者一覧●

（五十音順）

浅見　雄輔（あさみ　ゆうすけ）
あさみ法律事務所
〒102-0082　東京都千代田区一番町8-15　一番町 MY ビル301号
TEL　03-3511-8600

荒井　春奈（あらい　はるな）
弁護士法人高橋裕次郎法律事務所
〒102-0083　東京都千代田区麹町6-4-6　TS 麹町 BLDG. 4 階
TEL　03-3230-1077

生田　康介（いくた　こうすけ）
笠原総合法律事務所
〒105-0003　東京都港区西新橋1-16-3　西新橋 KS ビル 8 階
TEL　03-5157-5456

石森　博行（いしもり　ひろゆき）
石森法律事務所
〒180-0001　東京都武蔵野市吉祥寺北町1-1-2　トラッセルズ102
TEL　0422-24-7722

井手　大展（いで　ひろのぶ）
小林・福井法律事務所
〒160-0023　東京都新宿区西新宿6-12-6　コアロード西新宿203
TEL　03-3343-6088

伊藤　献（いとう　すすむ）
東京ブライト法律事務所
〒104-0032　東京都中央区八丁堀1-5-2　はごろもビル 4 階
TEL　03-5566-6371

岩佐　孝仁（いわさ　たかひと）
橋爪・岩佐・大胡法律事務所
〒102-0093　東京都千代田区平河町1-1-1　平河町コート303
TEL　03-5211-6866

研究会参加者一覧

臼井　一廣（うすい　かずひろ）
臼井綜合法律事務所
〒100-0014　東京都千代田区永田町2-9-6　十全ビル605
TEL　03-6206-6585

宇田川寛史（うだがわ　ひろふみ）
宇田川法律事務所
〒105-0003　東京都港区西新橋1-21-8　弁護士ビル2階
TEL　03-3503-8763

榎本　晃太（えのもと　こうた）
あぽろ法律事務所
〒101-0048　東京都千代田区神田司町2-8-4　吹田屋ビル7階
TEL　03-3526-8722

大谷　隼夫（おおたに　はやお）
東京エクセル法律事務所
〒105-0001　東京都港区虎ノ門1-1-3　磯村ビル5階
TEL　03-3503-0921

大山　雄健（おおやま　ゆうけん）
福家総合法律事務所
〒104-0061　東京都中央区銀座8-8-17
MELDIA GINZA CENTRAL BUILDING 2号館6階
TEL　03-3572-7855

尾込平一郎（おごみ　へいいちろう）
泉・尾込法律事務所
〒151-0053　東京都渋谷区代々木2-1--9　本間ビル6階
TEL　03-3379-7718

加藤　千晶（かとう　ちあき）
シティユーワ法律事務所
〒100-0005　東京都千代田区丸の内2-2-2　丸の内三井ビル
TEL　03-6212-5500

加藤　洋平（かとう　ようへい）
やざわ法律事務所
〒130-0022　東京都墨田区江東橋4-29-12　あいおい損保錦糸町ビル3階
TEL　03-5625-2773

木下　渉（きのした　わたる）
木下綜合法律事務所
〒101-0063　東京都千代田区神田淡路町1-3-1　トーハン淡路町ビル3階
TEL　03-3251-3002

倉持　雅弘（くらもち　まさひろ）
東京桜橋法律事務所
〒104-0044　東京都中央区明石町11-15　ミキジ明石町ビル4階
TEL　03-6278-7141

小峯　健介（こみね　けんすけ）
小峯綜合法律事務所
〒170-0005　東京都豊島区南大塚3-50-1　ウィンド大塚402号室
TEL　03-5776-2788

近藤　正人（こんどう　まさと）
東京渋谷法律事務所
〒150-0002　東京都渋谷区渋谷2-14-17　渋谷SSビル8階
TEL　03-6427-2545

桜井　祐子（さくらい　ゆうこ）
佐藤総合法律事務所
〒107-0061　東京都港区北青山3-6-7　青山パラシオタワー6階
TEL　03-5468-7860

佐々木　臨（ささき　りん）
ネクスパート法律事務所
〒104-0031　東京都中央区京橋2-5-22　キムラヤビル7階
TEL　03-5357-1901

佐藤　彩花（さとう　あやか）
シティユーワ法律事務所
〒100-0005　東京都千代田区丸の内2-2-2　丸の内三井ビル
TEL　03-6212-5500

佐藤　勇（さとう　いさむ）
関谷総合法律事務所
〒105-0001　東京都港区虎ノ門5-11-15　虎ノ門 KT ビル405
TEL　03-3434-7200

佐藤　弘健（さとう　こうけん）
佐々木総合法律事務所
〒102-0093　東京都千代田区平河町2-6-1　平河町ビル 9 階
TEL　03-3262-8501

柴田　洋平（しばた　ようへい）
レーヴ法律事務所
〒167-0052　東京都杉並区南荻窪4-39-11　3 階
TEL　03-5336-3390

島　由幸（しま　よしゆき）
島法律事務所
〒101-0041　東京都千代田区神田須田町1-10-1　YS 須田町ビル 6 階
TEL　03-6260-9480

鈴木　利治（すずき　としはる）
鈴木利治法律事務所
〒102-0072　東京都千代田区飯田橋1-7-10　山京ビル本館705号
TEL　03-3222-6431

須藤　泰宏（すとう　やすひろ）
須藤パートナーズ法律事務所
〒170-0013　東京都豊島区東池袋1-25-3　第 2 はやかわビル 3 階
TEL　03-6914-2997

砂川　祐二（すながわ　ゆうじ）

砂川法律事務所

〒107-0052　東京都港区赤坂2-13-8　赤坂ロイヤルプラザ403

TEL　03-5570-0551

園部　洋士（そのべ　ひろし）

至高法律事務所

〒101-0041　東京都千代田区神田須田町1-4-8　NCO 神田須田町３階

TEL　03-5209-3801

髙栁　一誠（たかやなぎ　いっせい）

やざわ法律事務所

〒130-0022　東京都墨田区江東橋4-29-12　あいおい損保錦糸町ビル３階

TEL　03-5625-2773

瀧澤　輝（たきざわ　ひかる）

たきざわ法律事務所

〒102-0083　東京都千代田区麴町4-1　セリエビル５階

TEL　03-4405-4304

田中　雄吾（たなか　ゆうご）

東京ブライト法律事務所

〒104-0032　東京都中央区八丁堀1-5-2　はごもろビル４階

TEL　03-5566-6371

鶴岡　拓真（つるおか　たくま）

篠崎・進士法律事務所

〒105-0003　東京都港区西新橋1-7-2　虎の門髙木ビル６階

TEL　03-3580-8551

豊﨑　寿昌（とよさき　としあき）

東京ブライト法律事務所

〒104-0032　東京都中央区八丁堀1-5-2　はごろもビル４階

TEL　03-5566-6371

中島　果南（なかじま　かな）
福家総合法律事務所
〒104-0061　東京都中央区銀座8-8-17
MELDIA GINZA CENTRAL BUILDING 2号館6階
TEL　03-3572-7855

中城　重光（なかじょう　しげみつ）
中城・山之内法律事務所
〒102-0074　東京都千代田区九段南3-9-11　マートルコート507
TEL　03-3288-9194

中根　秀樹（なかね　ひでき）
ヴェリタス法律事務所
〒102-0093　東京都千代田区平河町1-7-20　COI平河町ビル6階
TEL　03-6261-3401

中原　俊明（なかはら　としあき）
法律事務所ホームワン
〒103-0013　東京都中央区日本橋人形町3-4-14　FORECAST 人形町 PLACE
TEL　03-6892-9268

野口辰太郎（のぐち　しんたろう）
大本総合法律事務所
〒100-0005　東京都千代田区丸の内1-4-1　丸の内永楽ビルディング20階
TEL　03-5224-4555

野澤賢太郎（のざわ　けんたろう）
弁護士法人阿久津真也綜合法律事務所
〒105-0001　東京都港区虎ノ門1-1-23　ウンピン虎ノ門ビル4階
TEL　03-5510-5858

濵谷　美穂（はまや　みほ）
東京ブライト法律事務所
〒104-0032　東京都中央区八丁堀1-5-2　はごろもビル4階
TEL　03-5566-6371

藤川　元（ふじかわ　はじめ）
藤川元法律事務所
〒162-0067　東京都新宿区富久町15番1-1112号　富久クロスコンフォートタワー
TEL　03-3226-6110

藤﨑　太郎（ふじさき　たろう）
あかぎ総合法律事務所
〒151-0053　東京都渋谷区代々木2-23-1　ニューステイトメナー1371
TEL　03-5843-5814

桝本　英晃（ますもと　ひであき）
アース法律事務所
〒105-0004　東京都港区新橋1-17-8　TKK新橋ビル8階
TEL　03-6383-2430

松野絵里子（まつの　えりこ）
東京ジェイ法律事務所
〒100-6004　千代田区霞が関3-2-5　霞が関ビル4階
TEL　03-6380-9593

美和　薫（みわ　かおり）
フォーサイト総合法律事務所
〒100-0011　東京都千代田区内幸町1-3-3　内幸町ダイビル9階
TEL　03-6457-9481

米田　豊（よねだ　ゆたか）
山田&パートナーズ
〒100-0005　東京都千代田丸の内1-8-1　丸の内トラストタワーN館8階
TEL　03-6212-1641

渡辺　和也（わたなべ　かずや）
さくら共同法律事務所
〒160-0004　東京都新宿区四谷1-6-1　四谷タワー8階
TEL　03-6384-1120

実践　訴訟戦術［ヒヤリハット編］
——弁護士も悩んでいる　事例に学ぶ実務感覚——

令和4年2月17日　第1刷発行

定価　本体2,500円＋税

編　者　東京弁護士会春秋会
発　行　株式会社　民事法研究会
印　刷　藤原印刷株式会社

発行所　株式会社　民事法研究会
〒150-0013　東京都渋谷区恵比寿3-7-16
〔営業〕TEL 03(5798)7257　FAX 03(5798)7258
〔編集〕TEL 03(5798)7277　FAX 03(5798)7278
http://www.minjiho.com/　info@minjiho.com

落丁・乱丁はおとりかえします。　ISBN978-4-86556-491-4 C2032　￥2500E

勝つためのノウハウ・負けないための留意点・和解のための段取り等を詳解!

実践 訴訟戦術
—弁護士はみんな悩んでいる—

東京弁護士会春秋会　編

A 5 判・275 頁・定価 2,530 円(本体 2,300 円＋税 10％)

▶法廷マナー、訴状・答弁書の書き方、尋問の手法、控訴の留意点、依頼者との関係のあり方など、訴訟戦術の視点から若手・中堅・ベテランが新人弁護士の質問に答える貴重な研究会の内容を開示!

▶座談会形式により、会話の流れの中で、訴訟における重要なポイントを自然に理解でき、各弁護士の工夫やノウハウ、陥りやすいミスや、裏技など新しいアイディアを豊富に紹介!

▶民事訴訟に携わるすべての実務家に必携となる至便の1冊!

本書の主要内容

第1章　勝訴判決を得るには
- Ⅰ　はじめに
- Ⅱ　依頼者と固い信頼関係を築くこと
- Ⅲ　適切な法的主張をすること
- Ⅳ　法的主張に見合った証拠を提出する
- Ⅴ　人間力
- Ⅵ　共同受任
- Ⅶ　最大限の努力

第2章　紛争解決方法の選択
- Ⅰ　裁判外交渉
- Ⅱ　手続選択
- Ⅲ　裁判上の和解

第3章　訴状・答弁書
- Ⅰ　訴状の作成および提出
- Ⅱ　答弁書の記載内容
- Ⅲ　文章の巧拙は、訴訟の結果および進行に影響を及ぼすか——3つの視点から
- Ⅳ　その他

第4章　法廷マナー
- Ⅰ　裁判所に向かうにあたって
- Ⅱ　期日
- Ⅲ　開廷に際して
- Ⅳ　閉廷後

第5章　主張・立証
- Ⅰ　主張
- Ⅱ　立証

第6章　控訴
- Ⅰ　第1審で敗訴したとき
- Ⅱ　控訴提起の判断基準
- Ⅲ　控訴理由書
- Ⅳ　控訴審の実態
- Ⅴ　仮執行宣言への対応
- Ⅵ　印紙代
- Ⅶ　やられたらやりかえすか——附帯控訴
- Ⅷ　弁護士の報酬

第7章　依頼者との関係
- Ⅰ　一般的な関係
- Ⅱ　事件との関連での関係構築

発行　民事法研究会

〒150-0013　東京都渋谷区恵比寿 3-7-16
(営業) TEL. 03-5798-7257　FAX. 03-5798-7258
http://www.minjiho.com/　info@minjiho.com

示談・接見・尋問・刑事文書作成の手法から公判・上訴・
裁判員裁判に取り組む戦術的視点を詳解！

実践 訴訟戦術
［刑事弁護編］
―やっぱり弁護士は悩んでいる―

東京弁護士会春秋会　編

A5判・391頁・定価3,520円(本体3,200円＋税10%)

▶示談、交渉、刑事文書作成、尋問、上訴から裁判員裁判まで効果的な弁護活動のあり方を検証し、弁護人が刑事事件にどのように取り組むべきかを解説した手引書！

▶被疑者・被告人とその家族、被害者、検察官、裁判官に対していかなる弁護活動を行うべきかを若手・中堅・ベテランが新人弁護士の質問に答える貴重な研究会の内容を開示！

▶座談会形式により、会話の流れの中で、事件対応における重要なポイントを自然に理解でき、各弁護士の工夫やノウハウ、陥りやすいミスや、裏技など新しいアイディアを豊富に紹介！

本書の主要内容

発行　民事法研究会

〒150-0013　東京都渋谷区恵比寿3-7-16
（営業）TEL. 03-5798-7257　FAX. 03-5798-7258
http://www.minjiho.com/　info@minjiho.com

依頼者の利益を最大化するためのノウハウが満載！

実践 訴訟戦術
［離婚事件編］
―弁護士はここで悩んでいる―

東京弁護士会春秋会　編

Ａ5判・349頁・定価 3,300 円(本体 3,000 円＋税 10％)

▶交渉から裁判手続、執行までの手続上の留意点から子ども、離婚給付等の争点、最近のトピックの渉外離婚まで経験豊富な弁護士が新人弁護士の質問に答える貴重な研究会の内容を開示！

▶相談段階から執行手続に至るまでの事件処理に関する一連の流れだけでなく、ＤＶ事案や渉外離婚といった個々の類型における留意点にも言及し、実務全般をカバー！

▶座談会形式により、会話の流れの中で、訴訟における重要なポイントを自然に理解でき、各弁護士の工夫やノウハウ、陥りやすいミスや、裏技など新しいアイディアを豊富に紹介！

本書の主要内容

発行　民事法研究会

〒150-0013　東京都渋谷区恵比寿 3-7-16
（営業）TEL. 03-5798-7257　FAX. 03-5798-7258
http://www.minjiho.com/　info@minjiho.com

研究のあり方、求められる理論、実務における理論活用の実際を提示！

これからの民事実務と理論

―実務に活きる理論と理論を創る実務―

伊藤　眞　加藤新太郎　永石一郎　編

A 5 判・429 頁・定価 4,730 円（本体 4,300 円＋税 10%）

▶「実務は理論に何を期待するか」「理論は実務にしていかなる貢献をなしうるか」。斯界最高の執筆陣が、法学研究者、法律実務家に向けて、理論構築と実務における理論の活用・実践のあり方を、自らの経験を踏まえ考察！

【本書執筆者（執筆順）】

伊藤　眞／加藤新太郎／福田剛久／森　宏司／永石一郎／岡　正晶／早川眞一郎／山野目章夫／大杉謙一／山本和彦／滝澤孝臣／上田裕康／岡　伸浩／伊藤　尚／東畠敏明／後藤　出／四宮章夫／中井康之

本書の主要内容

発行　民事法研究会

〒150-0013　東京都渋谷区恵比寿 3-7-16
（営業）TEL. 03-5798-7257　FAX. 03-5798-7258
http://www.minjiho.com/　info@minjiho.com